DE
SAINT-LOUIS

A

SIERRA-LEONE

HUIT ANS DE NAVIGATION

DANS LES RIVIÈRES DU SUD

PAR

Le Capitaine J. BOUTEILLER

Commandant de l'aviso colonial *le Dakar*

PRÉCÉDÉ D'UNE LETTRE-PRÉFACE

De M. l'Amiral VALLON

Député du Sénégal

PARIS

AUGUSTIN CHALLAMEL, Éditeur

LIBRAIRIE COLONIALE

5, rue Jacob et rue Furstenberg, 2

1891

DE

SAINT-LOUIS

A

SIERRA-LEONE

CORBEIL — IMPRIMERIE CRÉTÉ-DE L'ARBRE

DE
SAINT-LOUIS
A
SIERRA-LEONE

HUIT ANS DE NAVIGATION

DANS LES RIVIÈRES DU SUD

PAR

LE CAPITAINE J. BOUTEILLER

Commandant de l'aviso colonial *le Dakar*

PRÉCÉDÉ D'UNE LETTRE-PRÉFACE

De M. l'Amiral VALLON

Député du Sénégal.

PARIS

AUGUSTIN CHALLAMEL, Éditeur

LIBRAIRIE COLONIALE

5, rue Jacob et rue Furstenberg, 2

1891

A Monsieur J. BOUTEILLER

Capitaine au long cours.

Mon cher Capitaine,

J'ai lu votre livre *De Saint-Louis à Sierra-Leone*, avec un grand intérêt. Les questions que vous y traitez sont des plus utiles et des plus actuelles pour le marin qui fréquente les côtes du Sénégal et des Rivières-du-Sud ; elles m'ont autrefois passionné dans les mêmes parages où la navigation est si différente de celle de nos côtes européennes.

Pour un nouveau venu, les routes que

vous décrivez présentent des dangers qui, à première vue, paraissent insurmontables et il n'ose s'y engager avec des cartes généralement incomplètes. Mais ces dangers, affrontés de près, se transforment en autant d'étapes qui favorisent la navigation des petits navires à vapeur.

Le pratique de la côte se joue de ces bancs, de ces brisants, de ces îlots qui lui servent de points de repère et d'abris contre la mer du large, de ces courants, vraies *routes qui marchent*, qui, s'il sait en profiter, le conduisent rapidement à destination.

Le capitaine qui s'écarte de la terre et perd le bénéfice des sondes ne peut prétendre au résultat qu'obtient celui qui, la terre restant presque toujours en vue, de pointe en pointe, d'île en brisant, profite de toutes les circonstances de vent, d'eau calme et de marée, pour accomplir un rapide voyage.

Je vois, par la hardiesse des routes tracées sur les cartes de votre livre, que vous êtes de ces derniers et je vous félicite d'avoir fait faire un pas nouveau à la navigation côtière en indiquant des passages où, avant vous, personne ne s'était encore engagé.

Recevez-en tous mes compliments.

J'ai autrefois ouvert les routes du Saloum, de la Cazamance, du Rio-Cassini, du Rio-Pongo, de la Mellacorée, des lagunes de Grand-Bassam et même de certains affluents du Gabon et du Congo ; il y a, sur la côte occidentale d'Afrique, peu de points abordables, au fond même des criques et des rivières, où l'aviso le *Dialmath*, que je commandais de 1856 à 1861, n'ait laissé tomber son ancre, et cette navigation de découvertes est encore un des souvenirs les plus agréables de ma carrière de marin.

Je vous félicite donc, mon cher capitaine, de vouloir laisser à vos successeurs, une part de l'expérience que vous avez péniblement acquise, au prix de votre santé, et que les instructions nautiques officielles, faites de loin et à la volée, pleines d'erreurs copiées les unes sur les autres, et que la mobilité des bancs et des aspects boisés rend dangereuses d'une année à l'autre, ne sauraient assurer au navigateur.

En consultant votre travail, tout capitaine qui veut gagner du temps et naviguer en sûreté, trouvera les conseils qu'il doit suivre sur la côte du Sénégal et des Rivières-du-Sud où notre commerce national est appelé à un brillant avenir.

Paris, le 28 janvier 1891.

C. Amiral A^{de} VALLON.

NOTE DE L'AUTEUR

N'étant ni un savant ni un homme de lettres, je n'ai en aucune façon la prétention de présenter ici une œuvre littéraire ou scientifique.

Le seul but de ce livre est de fournir un ensemble de notes et d'observations scrupuleusement recueillies par un marin, un homme du métier, et qui seront peut-être de nature à rendre quelques services à ses confrères.

Les trente-deux voyages réguliers et postaux que j'ai faits entre Saint-Louis et Sierra-Leone, avec escales à Dakar, Gorée, Rufisque, le Saloum, Bathurst, Carabane, Boulam, le Rio-Numez, le Rio-Pongo, les îles de Los et la Mellacorée, m'ont permis de me livrer à une étude approfondie de ces différents points.

NOTE DE L'AUTEUR

Les capitaines appelés à visiter les contrées que je viens d'énumérer trouveront ici une série de renseignements, tant sur la navigation proprement dite que sur l'intérieur même du pays, renseignements qui pourront, je crois, leur être précieux s'ils veulent se conformer aux données pratiques que je leur soumets.

S'ils peuvent tirer de ce modeste travail la plus petite utilité, je serai largement récompensé de ma peine.

J. BOUTEILLER

Ire PARTIE

LE SÉNÉGAL ET LES RIVIÈRES DU SUD

———

APERÇU GÉNÉRAL

SITUATION GÉOGRAPHIQUE — ETHNOGRAPHIE

PRODUCTIONS DU SOL

COMMERCE ET INDUSTRIE

MŒURS LOCALES

APERÇU GÉNÉRAL SUR LE SÉNÉGAL

CHAPITRE PREMIER

Avant d'énumérer les différents fleuves, rivières et villes dont il sera parlé dans ce livre, je crois devoir donner un aperçu général de notre colonie du Sénégal, dans laquelle se trouvent la plupart de ces cours d'eau et de ces villes.

ASPECT PHYSIQUE

Le Sénégal, qui tire son nom du principal fleuve qui l'arrose, est compris entre le 8e et le 17e degré de latitude Nord, et le 10e et le 20e degré de longitude Ouest. Il est borné à l'ouest par l'océan Atlantique, à l'est par le Soudan, au sud par la Sénégambie.

Entre le Haut-Niger et les sources du Sénégal s'élève le massif du Fouta-Djallon, terminé au nord par des plateaux de grès. Au plateau de Timbo, qui se trouve au sud de cette chaîne et forme la base des montagnes de la Sénégambie, viennent se souder les monts de Kong, qui se prolongent au sud le long de la côte de Guinée. L'une de ces chaînes, en remontant au nord-est, sépare le bassin du Sénégal de celui du Niger et va se déprimer à Ségou ; la chaîne occidentale forme deux cornes, dont l'une, au sud-ouest, s'allongeant entre la vallée du Rio-Grande et celle de la rivière Kakriman, va aboutir au cap Verga, tandis que la branche du nord, donnant passage, par une fissure, à la Gambie supérieure, pénètre jusqu'au Fouta-Toro, partageant ainsi les bassins du Sénégal et de la Gambie.

Toute la région comprise entre ces différentes chaînes de montagnes est formée de plateaux fertiles, entrecoupés de riches et profondes vallées.

Au point de vue géologique, les rives du fleuve Sénégal, au moins jusqu'à Médine, se composent presque exclusivement d'alluvions, qui couvrent toutes le parties inondées par le fleuve et s'étendent en outre sur la côte, entre Saint-

Louis et Rufisque, puis de Rufisque à la Gambie. A part ces alluvions, les trois sortes de terrains qu'on rencontre dans le bassin du Sénégal sont le terrain ardoisier, la roche volcanique et la latérite.

La roche volcanique n'apparaît qu'au cap Vert et à Gorée, et d'ailleurs cette île n'est elle-même qu'un rocher de basalte ; il en est de même à Dakar et jusqu'à la pointe des Almadies. La latérite et le terrain ardoisier se partagent à peu près également toute la région compris entre le cours du Sénégal, celui de la Gambie et la côte de Dakar à Saint-Louis. C'est ainsi que le Oualo, le Dimar, le N'Diambour, le Djolof, le Cayor, le Baol, la Sine, le Saloum, le Rip, le Sangomar, le Niani et une partie du Ferlo ont un sol de latérite que recouvre un sable très fin. L'autre partie du Ferlo, le sud du Toro, celui du Fouta central, l'ouest de Damga et du Bondou appartiennent, au contraire, au terrain ardoisier, qui disparaît sous une argile assez forte.

ORIGINES DE LA COLONIE

Les Dieppois abordèrent au cap Vert en 1364, mais leurs établissements n'eurent que peu de durée.

La véritable fondation de notre colonie remonte à l'année 1626, date à laquelle le cardinal de Richelieu envoya des colons à Saint-Louis pour établir des comptoirs. Pendant les guerres de la Révolution et de l'Empire, les Anglais s'emparèrent de ces établissements, qui ne nous furent rendus qu'en 1815.

La colonie actuelle fut organisée par le généra Faidherbe (1854-1865), qui réduisit les Maures à l'impuissance et fonda Médine et Dakar.

C'est à lui que le Sénégal doit son entier développement et les améliorations de toute nature qui ont été apportées au fonctionnement administratif.

C'est Faidherbe qui a placé sous le protectorat de la France le Dimar, le Toro, le Damga, le royaume du Saloum, la Casamance et la Mellacorée. C'est lui également qui, dans le but d'accroître la force militaire de la colonie, prit l'initiative de la création d'un corps de troupes indigènes, sous le nom de tirailleurs sénégalais (1857).

Dans un autre ordre d'idées, il a réglementé les écoles musulmanes, créé l'école des otages, où devaient se trouver réunis pour apprendre nos mœurs et notre langue, les fils des principaux chefs indigènes. Il a assaini et embelli la ville de Saint-Louis, fondé un musée, construit des casernes, des hôpitaux, planté des promenades, percé des routes aux environs de la ville. Dans toute la colonie on retrouve la trace bienfaisante du long séjour du gouverneur Faidherbe, dont le souvenir restera éternellement lié à celui de la véritable fondation de la colonie sénégalaise.

RACES

Le Sénégal est habité par un grand nombre de races noires, souvent très différentes l'une de l'autre, bien que provenant d'une souche commune. Je ne veux pas m'arrêter ici à les décrire. J'aurai occasion de le faire plus loin, en parlant des différents fleuves et villes de la colonie.

1.

PRODUITS

Le Sénégal est assez riche en produits de toute nature. L'or et l'ivoire y sont l'objet d'un commerce important. Ces deux produits sont échangés contre des tissus venant d'Europe.

L'agriculture, entièrement laissée aux mains des indigènes, après être restée longtemps à l'état rudimentaire, a fait, depuis plusieurs années, des progrès très sensibles. On récolte maintenant l'huile et l'amande de palme, la gomme copal, le riz, la sésame, les colas, etc.

Colas. — Ce dernier produit attire depuis quelque temps l'attention du monde médical.

La noix de cola se présente sous l'aspect d'une longue gousse contenant généralement de six à huit amandes, dont chacune a les dimensions d'une forte châtaigne. Ce produit est, chez les noirs, l'objet d'une grande vénération; ils lui attribuent toutes les vertus. Aussi en sont-ils très avares, même pour leur usage personnel.

La médecine n'a pas encore pu bien définir les propriétés du cola; je crois pouvoir dire que c'est un stimulant et même un fortifiant. J'ai bu du vin fait avec des colas et je trouve que ses propriétés sont presque analogues à celles du vin de quinquina, mais à une dose plus énergique.

Pour que le vin de cola soit réellement efficace, il faut le préparer avec la noix encore verte; celui qui est fait avec des noix sèches est loin d'avoir la même force.

Je ne doute pas qu'avant peu la science n'arrive à dire son dernier mot sur les colas et à en tirer un excellent résultat.

CLIMAT

Dans tout le Senegal il existe deux saisons nettement tranchées, dont les phénomènes météorologiques sont la base de l'étude du climat.

La première saison va du mois de décembre à la fin de mai; elle est sèche et fraîche. Sur le littoral, près des centres commerciaux, elle serait même très agréable si l'on n'était incommodé par les vents d'est. Dans les journées les moins chaudes, la température ne descend jamais, le matin, au-dessous de 11° au-dessus de zéro. A l'apparition du soleil, elle monte graduellement et atteint, dans le milieu de la journée, environ de 23 à 25° à l'ombre et de 35 à 36° au soleil. Lorsque les vents d'est soufflent avec un peu de force, la chaleur qu'ils apportent, après avoir traversé les déserts brûlants du centre de l'Afrique, fait quelquefois monter le thermomètre à 40°, à l'ombre.

Il y a souvent un écart considérable entre a température du matin et celle de l'après-midi; a différence est quelquefois de 20 degrés.

En général, du mois de novembre au mois de mai, il ne tombe pas d'eau. Toutefois, il arrive qu'en janvier le temps se couvre et quelques gouttelettes de pluie viennent arroser le sol desséché, qui rappelle les bords de la mer Rouge. Ces quelques jours de temps sombre forment une période à laquelle on a donné le nom de *Heng*.

Cette saison est habituellement saine et rend le climat agréable aux européens. Le développement de la colonisation se ferait sentir d'une manière plus rapide si cette période n'était suivie de l'hivernage, si funeste aux étrangers.

L'hivernage commence vers le 15 mai, quelquefois en juin seulement, et se prolonge jusque vers le 15 novembre : saison terrible, pendant laquelle règne constamment une chaleur lourde et très fatigante.

Pendant les quatre mois les plus chauds, il tombe des pluies torrentielles, qui transforment subitement les plaines en nombreux marigots d'où s'échappent des vapeurs nuisibles. C'est l'époque des insolations et des fièvres pernicieuses. Les tornades font aussi leur apparition en même temps que les pluies.

Pendant la durée de l'hivernage, le thermomètre se maintient entre 27 et 30° au-dessus de zéro, à l'ombre; sa moyenne au soleil est de 40 degrés.

Au commencement de l'hivernage, le fleuve Sénégal subit une remarquable et curieuse transformation. « A la fin de mai ou au commencement de juin, dit le médecin de la marine Béranger-Ferraud (*Études sur la Senégambie*), au moment où le changement de direction de la brise annonce l'arrivée prochaine de l'hivernage, le Sénégal et la Sénégambie s'enflent d'une manière considérable et leur niveau monte très vite et très haut. Au lieu d'un mince ruisseau qui coulait dans le haut pays pendant la saison fraîche, le Sénégal est un grand cours d'eau que l'on voit se former peu à peu ; il devient torrentueux en certains passages rétrécis, ou s'épanche dans les terrains qui l'avoisinent; il déborde en maints endroits, et l'on peut voir en quelques jours, par exemple à Bakel, les gués où l'on passait à sec un mois avant être tout à coup recouverts de 10 à 15 mètres d'eau. A un ruisseau tranquille et insignifiant a succédé un fleuve énorme, impétueux et déchaîné, sur lequel de grands navires peuvent naviguer sans crainte. »

La température est loin d'être uniforme dans tout le Sénégal pendant la même saison. Deux localités, quelquefois peu éloignées l'une de l'autre, peuvent avoir, dans la même journée, deux températures différentes. En général, la température est moins élevée dans le Haut-Sénégal, où il y a deux saisons intermédiaires qui rendent le changement moins brusque.

RELIGION

La religion catholique ne fait qu'un certain nombre de prosélytes à Saint-Louis, à Dakar et à Gorée. Elle est placée sous la direction d'un préfet apostolique, évêque *in partibus*, qui est assisté de cinq curés, répartis à Saint-Louis, Gorée, Dakar, Rufisque et Joal.

L'instruction des jeunes gens est confiée aux frères des écoles chrétiennes. Des sœurs de l'ordre de Saint-Joseph de Cluny et de l'Immaculée-Conception sont chargées des malades et de l'instruction des jeunes filles.

Une mission est établie près de Joal et un établissement à Sédhion.

Comme partout, le zèle et l'abnégation de ces religieux et religieuses sont à toute épreuve.

À Dakar comme à Gorée, la plupart des Yolofs pratiquent la religion de Mahomet.

Les Serrères sont fétichistes, mais ils se convertissent facilement à l'islamisme.

Les Tiédos du Cayor, du Sine et du Baol ne sont pas très religieux. Ils sont de préférence musulmans, religion qu'ils ne pratiquent pas dans toute sa rigueur, puisqu'ils s'adonnent avec passion aux liqueurs alcooliques.

FLEUVES ET RIVIÈRES

CHAPITRE II

Le pays est arrosé par un grand nombre de cours d'eau. Les plus importants sont le Sénégal et le Niger, ce dernier passant un peu dans le sud de la colonie ; je parlerai aussi du Saloum et de la Casamance. Quant aux autres petites rivières que l'on rencontre çà et là au milieu des vallées, j'en dirai quelques mots ultérieurement, au fur et à mesure que je parlerai des pays qu'elles traversent et qui, presque toujours, portent le même nom.

LE SÉNÉGAL

Le Sénégal est, après le Niger, le plus grand fleuve de la côte occidentale d'Afrique; sa longueur est de 1,800 kilomètres. Il est formé par le Bakhoy et le Bafing, qui prennent leur source dans les montagnes du Fouta-Djallon et se réunissent à Bafoulabé. Leur direction est celle du Sud-Est au Nord-Ouest. En quittant Bafoulabé, le Sénégal se dirige presque dans la même direction, en fléchissant un peu vers l'ouest jusqu'à Podor. Arrivé là, il tourne brusquement à l'ouest jusqu'à quelques kilomètres de la côte, pour descendre plus brusquement encore vers le sud, en se rapprochant graduellement de la mer, qu'il suit parallèlement pendant un long parcours, en formant la *langue de Barbarie*, et qu'il rejoint définitivement à 15 milles environ de son dernier changement de direction.

C'est à l'extrémité méridionale de la langue de Barbarie qu'est située l'embouchure du Sénégal, devant laquelle on peut voir le phénomène de la *barre*, dont nous aurons à nous occuper dans une autre partie de ce livre, au point de vue des difficultés de la navigation. Le mouvement alternatif des eaux du fleuve et des vagues de l'océan qui se heurtent sans cesse a formé au fond de la mer une sorte de bourrelet de terrain qui produit un ressac assez violent pour faire courir de sérieux dangers aux embarcations et être un grave obstacle à la navigation maritime, surtout pour les bâtiments à voiles.

C'est à quelques milles de l'embouchure du Sénégal que se trouve la ville de Saint-Louis, construite sur une île de sable, entre les bras du fleuve.

Sur son parcours, le Sénégal arrose Kayes, Médine, Bakel, Matam ; à partir de cet endroit, ses rives, jusqu'alors élevées et bordées de col-lines, commencent à s'abaisser. Il se divise en deux bras qui laissent entre eux l'*île de Morfil*, passe ensuite à Saldé, à Podor, à Dagana, à Richard-Toll. Le cours inférieur du fleuve se déroule au milieu de plaines basses, semées de marigots qui servent à l'écoulement des lacs. Près de son embouchure se trouvent les îles de N'Dar et de Sor.

Les deux principaux affluents du Sénégal sont: à droite le *Koniakary*, qui prend sa source dans les plateaux situés au nord de Kaarta et se jette un peu au-dessous de Médine ; et, à gauche, le *Falémé*, qui descend des hauteurs du Fouta-Djallon et vient tomber dans le fleuve au-dessus de Bakel.

La largeur du fleuve varie entre 300 et 400 mètres ; l'embouchure est sujette à de fréquents déplacements. Le premier bassin est navigable jusqu'à Podor dans toutes les saisons, même pour les grands vapeurs de 1,000 à 1,200 tonnes.

Les marigots les plus importants sont, en descendant le cours du fleuve, ceux de *Doué*, qui limite l'île à Morfil, de *Morghen* et de *Taouey*; ce dernier, qui se jette à Richard-Toll, déverse les eaux du lac *Guier*. Les marigots des *Maringouins*, de *Lampsar*, de *Mengey* et de *N'gagne* sont situés le long de la mer.

Le Sénégal arrose de nombreuses contrées habitées par des races de couleurs et de mœurs très différentes les unes des autres.

Les *Bambaras* et les *Sarakhalles* habitent les deux rives du bassin supérieur; les *Maures*, mélangés d'Arabes et de Berbères, occupent la rive droite du moyen et du bas Sénégal; les *Ouolofs, Djolofs* ou *Yolofs*, nègres sédentaires soumis à la France, se trouvent sur la rive gauche de cette même région. On rencontre à la fois dans le bassin supérieur, près du Fouta-Djallon, et sur la rive gauche du bas Sénégal les *Peuhls* ou *Foullahs* et les *Toucouleurs*.

La race peuhle, très dévouée a l'islamisme, est issue du rameau berbère de la grande famille éthiopienne qui domina longtemps en Afrique. Sur le Nil bleu il existe encore une tribu, appelée *Fouraïa*, avec laquelle les Peuhls ont des liens intimes de parenté. Ils sont relativement civilisés et remarquables par leurs qualités guerrières, leur intelligence et leur activité.

Les Toucouleurs, musulmans fanatiques, proviennent du mélange des Peuhls et des Yolofs.

La vaste étendue de terrain parcourue par le Sénégal est divisée en plusieurs provinces, qui sont, en remontant le fleuve : 1° sur la rive droite, le pays des *Maures Trarzas*, des *Maures Braknas* et des *Maures Douïchs*, trois grandes familles divisées en une infinité de tribus; le *Guidimakha*, le *Diombokho*, le *Kaarta* et le *Bélédougou*; 2° sur la rive gauche, le *Oualo*, le *Dimar*, le *Toro*, le *Fouta*, le *Danga*, le *Guoye*, le *Bondou*, le *Kaméra*, le *Bambouk*, le *Gangaran*, le *Fouladougou* et le *Manding*.

Parmi ces différents pays quelques-uns appartiennent complètement à la France; d'autres sont sous son protectorat; d'autres enfin entretiennent seulement avec notre pays des relations amicales et commerciales, généralement réglées par des traités.

Notre sécurité commerciale est assurée tout le long du fleuve par des postes, sauf dans le premier bassin, qui ne possède pas de garnison. Les postes actuellement occupés sont : *Saldé, Matam, Bakel, Sénoudébou, Kayes, Médine, Diamou, Bafoulabé, Badumbé, Kita* et *Niagassola.*

LE NIGER

Le Niger prend sa source dans les montagnes de Kong, sur les limites de la Sénégambie et du Soudan. Il coule d'abord de l'Ouest au Nord-Est, jusqu'à Ségou, capitale d'un empire musulman caduc qui a reconnu le protectorat de la France en 1887. Il monte ensuite vers le Nord jusqu'un peu en amont de Tombouctou et redescend franchement au Sud pour se jeter dans l'Atlantique par un large delta de 25,000 kilomètres carrés couvert de mangliers et de palétuviers. Le cours supérieur du fleuve est navigable entre Bammako et les chutes du Sotouba.

Ses principaux affluents sont : le *Tembi*, le *Falico*, le *Ternicon* et la *Bénoué*.

Le territoire qu'arrose le Niger est riche, montagneux et fertilisé par de nombreuses rivières navigables. Un peu avant de se perdre dans la mer, le Niger serpente entre une foule d'îles hantées de crocodiles et d'hippopotames.

Sur le cours de ce fleuve nous possédons le poste de *Bammako*, relié à Saint-Louis par une ligne télégraphique, et celui de *Koulikoro*.

LE SALOUM

Le Saloum prend sa source dans une vaste plaine inondée pendant la saison des pluies. Il traverse le pays dont il porte le nom, arrose le sud-ouest du royaume du *Sine*, le *Guilor* et le *Bar*, puis se jette dans la mer par trois estuaires. Au-dessus du village de Foundiouque, il n'est pas navigable pour les navires calant plus de 1^m,50.

LA CASAMANCE

Les sources de la Casamance sont inexplorées. Son bassin est limité par des chaînes de montagnes. Elle coule à travers de jolies contrées ; sur ses bords règne une végétation luxuriante, une nature toujours verte qui rappelle ces belles vallées de l'Amérique, tant vantées par les explorateurs.

Elle reçoit à droite un affluent important, le *Songrougou*.

Dans la haute Casamance, sur la rive droite, on trouve le poste français de *Sédhiou* ; dans la basse Casamance, celui de *Carabane*. Entre les deux, sur la rive gauche, se trouve l'établissement portugais de *Zighincho*, qui vient d'être cédé à la France. Un poste de douanes est établi à la pointe Saint-Georges.

SAINT-LOUIS

CHAPITRE III

SAINT-LOUIS

Saint-Louis, chef-lieu de notre colonie du Sénégal, est situé, comme il est dit plus haut, dans une île formée par le fleuve Sénégal et dont il occupe presque toute la superficie. Il est séparé de la mer par la langue de Barbarie.

Sa fondation remonte à l'année 1626, c'est-à-dire à la date même où nous avons pris pour la première fois possession de la colonie.

La position militaire de cette ville a un caractère tout particulier. Elle est imprenable par l'ennemi extérieur, étant donnée l'impossibilité dans laquelle se trouvent les navires de passer la barre sans pilote et sans que le chenal soit balisé ; les brisants de la côte empêchent tout débarquement avec des embarcations ordinaires. Il est facile, il est vrai, de la bombarder de la rade du Guet-N'Dar; mais sa situation, sur une île resserrée entre les deux bras du fleuve, la rend très forte contre les indigènes, qui ne possèdent pas d'artillerie et n'ont à leur disposition que des engins de guerre très imparfaits.

Aujourd'hui, Saint-Louis est une jolie ville possédant environ 20,000 habitants, construite dans le style des villes arabes. Elle est admirablement tracée; les rues sont perpendiculaires les unes aux autres et éclairées à l'électricité. L'hôtel du Gouvernement la divise en deux parties : la partie nord et la partie sud. Tout autour de cet édifice viennent se grouper de jolies maisons avec étages, galeries et balcons, construites par les Européens. Les cases des indigènes se trouvent reléguées aux deux extrémités.

Un pont de bateaux de 600 mètres de long assure les communications avec la rive gauche. Le remplacement de ce pont par la construction d'un pont en fer n'est encore qu'à l'état de projet. Trois ponts sur pilotis relient la ville à la langue de Barbarie.

Les principaux monuments de Saint-Louis sont :

L'hôtel du Gouvernement, sur lequel, de huit heures du matin au coucher du soleil flotte le drapeau français; la nuit, le drapeau est remplacé par un feu de peu de portée; *l'hôtel du Conseil général,* l'*église catholique,* la *Mosquée,* le *Palais de justice,* les *casernes d'infanterie* et *d'artillerie;* les *quartiers* de *cavalerie* et du *train;* les *hôpitaux* militaire et civil; la *Direction d'artillerie;* sur la place du Gouvernement se trouve une statue que les habitants ont élevée au général Faidherbe, en souvenir des services éminents rendus par cet illustre officier pendant son long séjour dans la colonie.

A l'extrémité nord de la ville, il y a des marais que l'on fait combler peu à peu; près de là se trouvent un champ de manœuvres d'une assez grande étendue, la poudrière et l'arsenal.

C'est de Saint-Louis que part le câble télégraphique qui relie la côte occidentale d'Afrique à l'Europe.

Autrefois, il n'y avait pas d'eau à Saint-Louis, celle du fleuve n'étant pas potable, à cause de son mélange avec les eaux de la mer; on se servait alors de citernes qui recevaient la pluie, et dont le niveau, changeant constamment, mettait en mouvement une quantité de débris de toute nature entassés au fond. Quand on les nettoyait, ces citernes répandaient une odeur infecte et étaient la cause de nombreuses maladies. On essaya alors de faire des puits, mais la couche d'alluvions était trop épaisse, et, pour traverser les rochers qui forment le sous-sol et essayer d'obtenir de l'eau à peu près pure, il aurait fallu creuser trop profondément. Le gouverneur Faidherbe prit alors le sage parti de faire venir l'eau douce du Marigot de Lampsar, où le flux ne se fait que fort peu sentir et qui est à 25 kilomètres de la ville.

Ce travail, commencé en 1859, fut interrompu en 1869 et repris dix ans après. Il a été terminé en 1886. L'eau ainsi obtenue est excellente pendant l'hivernage, et un peu saumâtre pendant la saison sèche, à cause de la baisse des eaux; mais ce n'est là qu'un inconvénient très léger, auprès de celui qui résultait jadis de l'usage des citernes.

Les quais de Saint-Louis sont bien construits et pourvus de petits appontements en certains endroits. Autrefois, le commerce maritime avait lieu dans le petit bras du fleuve. Il s'est porté maintenant dans le grand bras, où la navigation est plus facile. Le petit bras s'envase, en effet, de plus en plus et devient d'un accès tellement difficile qu'il a même été question de le barrer complètement au nord, entre l'extrémité du camp des tirailleurs et la pointe de l'île.

Les habitants de Saint-Louis sont généralement affables. La race dominante est celle des Yolofs, assez civilisés et travailleurs ; on les emploie quelquefois pour occuper certains postes dans les administrations. Les professions industrielles sont généralement considérées comme déshonorantes chez les Yolofs ; aussi ne trouve-t-on au Sénégal, comme établissements industriels indigènes, que quelques briqueteries et fabriques de chaux dans les environs de Saint-Louis et de Dakar. Les terres argileuses et la quantité de coquilles d'huîtres qu'on peut se procurer aux environs de Saint-Louis rendent le travail facile aux fabricants, mais les produits sont de qualité tout à fait inférieure. Les professions manuelles sont, au contraire, très développées et atteignent parfois un assez haut degré de perfection. On trouve parmi les indigènes des menuisiers, des maçons, des calfats, des tisserands et des forgerons. Ces deux dernières professions figuraient au village sénégalais de l'Exposition de 1889. Parmi les forgerons se voyaient des orfèvres très habiles qui, bien que n'ayant à leur disposition que des instruments primitifs, fabriquaient des bijoux pleins d'élégance et de bon goût.

Le métier de tisserand n'est exercé que par les natifs du Sénegal. Réunis au nombre de quinze ou vingt sur des nattes en paille, ils se livrent pendant toute la journée au tissage de bandelettes d'étoffe d'environ 2 mètres. Ces bandelettes sont ensuite vendues aux indigènes pour la confection du *pagne*, principal vêtement du pays. Les plus beaux pagnes sont faits de fils de couleurs diverses formant des dessins très réguliers et très compliqués.

Le nombre des tisserands excède à lui seul celui des ouvriers de toutes les autres professions.

LES FAUBOURGS ET LA BANLIEUE

Les principaux faubourgs de Saint-Louis sont : *Guet-N'Dar*, *N'Dar-Toute* et *Sor*. Chacun d'eux a son caractère particulier.

Ceux de Guet-N'Dar et de N'Dar-Toute sont situés sur la langue de Barbarie, entre le petit

bras du fleuve et la mer. Le premier, très important est habité par une population toute maritime
dont la seule occupation consiste dans la pêche.
Chaque jour, les indigènes de Guet-N'Dar, mon-
tés sur de légères pirogues, s'en vont au large
jeter leurs filets, après avoir défié les trois lignes
de brisants de la côte, et reviennent à Saint-
Louis chargés d'excellents poissons. N'Dar-Toute
de fondation plus récente, est surtout un lieu de
villégiature pour les habitants de Saint-Louis.
C'est là que les gens aisés du chef-lieu vont se
reposer dans les villas qu'ils ont fait construire.

Le faubourg de Sor se trouve sur la rive gauche du fleuve, à l'extrémité du pont de bateaux,
au milieu de l'île du même nom. Sa population
est commerçante ; elle traite avec les nombreuses
caravanes venant de l'intérieur.

A quelque distance de Sor, se trouvent des
dunes de sable sur lesquelles on a élevé des
jardins potagers, plantés d'arbres fruitiers.

A côté de Sor, se trouve un autre faubourg,
du nom de Bouetville. C'est là qu'est la tête de
ligne du chemin de fer de Saint-Louis à Dakar. La
gare est située au milieu d'un groupe de maisons
assez pittoresques à côté d'un café en terrasse qui
est, au moment de l'arrivée des trains, un point

de rendez-vous pour les promeneurs de Saint-Louis. On voit aussi à Bouetville plusieurs magasins européens, quelques villas et un magnifique établissement créé par les frères de Plofërmel, et dont la prospérité s'accroît de jour en jour, grâce à la bonne direction du supérieur, le frère Didier.

Dans la banlieue de Saint-Louis, existent des villages où se fait un certain commerce. La plus importante de ces agglomérations est Gandiole, dont les salines sont séparées de la mer par une bande de terre d'environ 1,000 mètres. Les autres centres sont Leyhar, près du pont du chemin de fer, Dialakhar, N'Diago et Lampsar. Quelques-uns de ces villages possèdent des petits fortins occupés par quelques tirailleurs.

DAKAR

CHAPITRE IV

DAKAR

Dakar est situé sur le bord de la mer, beaucoup plus au sud que Saint-Louis, avec lequel il communique par une voie ferrée et un réseau télégraphique.

Cette ville, sous beaucoup de rapports, est loin de pouvoir rivaliser avec Saint-Louis. Sa population n'est que de 3,000 habitants environ. Au lieu de ces belles rues que l'on trouve au chef-lieu, Dakar n'offre que des quartiers assez mal construits et laissant beaucoup à désirer sous le rapport de la propreté. Il n'y a aucun monument important. En dehors de la ville, sur les hauteurs de la pointe Manuel se trouvent de jolies casernes pour nos troupes et un hôpital magnifique.

Dakar est, d'ailleurs, une ville d'avenir, et, d'ici à une dizaine d'années, ce sera l'un des points les plus importants et les plus peuplés de la côte occidentale d'Afrique.

Situé sur la route du cap de Bonne-Espérance, du Bas-Niger, du Congo, du Brésil et de la Plata, le port de Dakar commence à reeevoir des navires de toutes les nations.

C'est à Dakar que la compagnie du chemin de fer, à laquelle la ville doit en partie son développement rapide, a installé ses bureaux et ses ateliers. Il y a aussi depuis peu, quelques hôtels-restaurants et des magasins de toute sorte fort bien approvisionnés.

Dakar est mieux partagé que Saint-Louis sous le rapport de l'alimentation. On y trouve l'eau plus facilement. Une citerne est mise à la disposition des navires ; il suffit de demander au commandant du port de guerre l'autorisation d'y puiser. Les capitaines trouveront à Dakar toutes les provisions nécessaires à un navire transportant des passagers. La facilité avec laquelle il communique avec Bordeaux (huit jours de traversée) permet de s'y procurer une foule de comestibles frais. Sur les marchés se vendent du giber et beaucoup de légumes frais, tels que choux, carottes, radis, salades, tomates et oignons verts ; on y voit même des cerises.

Les poulets valent 7 francs la douzaine ; les œufs, 5 centimes la pièce ; un beau canard se vend 2 francs. Quant au poisson il abonde sur la place du marché.

Le charbon, qui vaut en moyenne 43 francs la tonne, se trouve en grande quantité à bord des pontons sur la rade.

L'hivernage est beaucoup plus dur à Dakar qu'à Saint-Louis. Les journées de calme ne sont pas tolérables sur le port ; dans son voisinage, les nuits sont terribles. L'atmosphère est tellement lourde qu'on peut à peine respirer ; on est, de plus, persécuté par les moustiques.

Depuis sept ans que je connais Dakar, où j'ai séjourné, notamment comme capitaine de port pendant l'hivernage de 1885 et où j'ai passé depuis cette époque, plusieurs jours chaque mois j'y ai toujours vu plus de malades qu'à Saint-Louis. Pour mon compte, je n'ai jamais tant souffert de la chaleur à Saint-Louis, que j'ai habité beaucoup plus longtemps.

Aux mois de mai et de juin, époque des grandes chaleurs, (46° à l'ombre) le poisson, foisonne sur la rade. Il arrive plusieurs fois, pendant cette période de l'année, que d'immenses bancs de marsouins pourchassent une quantité innombrable de poissons, tels que dorades, bonites, maquereaux, qui viennent se réfugier et s'échouer par milliers au fond de la baie. Il faut quelquefois plusieurs jours à des centaines d'hommes pour débarrasser la plage de ces amas de poissons, qu'un soleil de feu met de suite en putréfaction et dont l'odeur fétide répand des maladies dans le pays.

Cette affluence de poissons donne souvent lieu à un phénomène curieux, à une sorte de *trompe l'œil*, auquel les marins les plus exercés à la navigation dans ces parages se laissent prendre eux-mêmes. J'ai fait, avec le *Dakar*, au moins deux cents voyages de Dakar à Saint-Louis, et *vice-versa*, et cependant je m'y suis trompé comme beaucoup d'autres. Voici ce dont il s'agit :

Au printemps, moment du frai, lorsque les grandes brises du nord soufflent encore, un banc de poissons, de 3 à 4 milles de longueur sur 1 mille de largeur environ, vient se placer entre Dakar et Saint-Louis.

Par une nuit noire, l'atmosphère étant très épaisse, le Zénith clair, il est difficile de bien distinguer devant soi. Tout à coup, vous croyez voir poindre à l'horizon une ligne de brisants; vous vous demandez d'abord si le compas fonctionne bien et s'il n'y pas une erreur de route; vous êtes tenté de stopper et de virer de bord. Mais, au bout d'un instant, en vous rapprochant un peu et en regardant attentivement, vous vous apercevez que cette ligne n'est autre chose qu'un banc de frai de poisson. Les courants de la baie d'Yof et le clapotis des vagues qui frisent en déferlant produisent des lames de feu. Lorsqu'un navire passe dans ces remous de courants, on y voit aussi clair à bord que par une nuit de pleine lune, et le reflet de cette étrange lumière sur un navire peint en blanc le fait apercevoir de très loin.

Les habitants de Dakar sont moins affables que les Yolofs de Saint-Louis; ils sont surtout moins hospitaliers. Aussi y est-il plus difficile au noir de s'approcher de la table ou de la calbasse de couscous que chez les noirs de Saint-Louis.

On trouve à Dakar les *Serrères*, les *Yolofs* et les *Toucouleurs*.

L'accord ne règne pas toujours entre eux, par suite de leur grande différence de tempérament,

Le Serrère n'aime pas travailler; semblable aux Italiens de Naples et des environs, il passe sa journée entière couche dans le sable, le ventre au soleil, à jouer aux cartes ou au damier.

Les Toucouleurs, dont le nombre domine à Dakar, sont travailleurs. C'est le Toucouleur qu'on trouve sur les quais pour travailler au déchargement des navires; c'est aussi lui qu'on trouve dans les rues, prêt à porter les fardeaux. Pour quelques sous, il fait le tour de la ville; quand il a terminé sa course, il cherche ailleurs une même aubaine. A la fin de sa journée, il compte ce qu'il a ramassé, et il se croit riche s'il a eu la bonne fortune de gagner 1 fr. 50 ou 2 francs. Cette somme est immédiatement convertie en *festine* et *tang* (une pièce de 1 franc et une pièce de 50 centimes), qu'il ramasse précieusement dans un coin du lambeau de son *boubou*. Chaque jour, il fait de même; aussi arrive-t-il quelquefois à mettre de côté 300 ou 400 francs. Lorsqu'il a atteint ce petit capital, le Toucouleur est souvent grisé par la vue de tant d'argent; il s'imagine qu'il possède un trésor te qu'il ne pourra jamais arriver à l'augmenter.

Ainsi que je viens de le dire, le Toucouleur est avant tout économe. Il grossit son pécule sans dépenser un sou, vivant presque toujours d'aumône. Quant à son habillement, il ne lui coûte pas cher non plus ; l'un lui donne un vieux *boubou*, l'autre un vieux *doubet*, tout lui est bon. Il lui faut d'ailleurs si peu de chose pour vivre ! Dans les jours de malheur où la charité ne lui est pas venue en aide il achète un biscuit de mer qu'il saupoudre d'un peu de sucre cassonade, et ce modeste repas de deux sous lui suffit pour attendre des jours meilleurs.

Le Toucouleur est exposé quelquefois à se laisser gagner par les beaux yeux d'une Aïsata quelconque. S'il est sérieux, il résiste. Il se hâte de faire l'acquisition, pour 25 francs, d'un fusil à pierre, de poudre et de quelques pièces de *guinée* (coton bleu) ; puis il va dans son pays où il pourra, en échange de la guïnée, acheter une femme et des esclaves. La femme sera la maîtresse de la maison ; les esclaves feront le *lougan* (culture des champs de mil), tandis que lui vivra en seigneur. Peut-être même arrivera-t-il à la haute dignité de ministre d'Abdoul-Boubakar, son souverain roi.

Mais si le Toucouleur n'est pas sérieux, s'il se laisse prendre aux œillades de la belle Aïsata ; son petit pécule disparaît bientôt. Aïsata devient en peu de temps très élégante ; son mari, un Serrère quelconque qui dort par là au soleil, est heureux de voir sa femme si bien habillée. Mais un beau jour, le Toucouleur est pris en flagrant délit. Trois ou quatre Serrères, appelés par le mari, viennent lui prêter main-forte, pendant qu'une dizaine de Toucouleurs se rangent du côté de leur camarade. La mêlée devient bientôt générale et finit par se transformer en un véritable combat de cinq à six cents indigènes, tant hommes que femmes.

ENVIRONS DE DAKAR

CHAPITRE V

LE CAYOR — N'DIAMBOUR — BAOL

Près de Dakar se trouvent trois pays qui furent, il y a quelques années, le théâtre de troubles violents ; ce sont le *Cayor*, le *N'Diambour* et le *Baol*.

Le premier est le plus important ; il comprend un vaste territoire qui s'étend de Dakar aux environs de Saint-Louis. Aucun cours d'eau ne le traverse. Ce n'est guère que sur une bande de terrain côtoyant la mer que l'on rencontre de la végétation, semblable à celle des tropiques, avec des lacs, des mares et des fontaines. Partout ailleurs, l'eau est rare ; les indigènes creusent généralement des puits à l'entrée des villages ou près des endroits fréquentés par les bergers. Le plus beau de ces puits est celui de *N'Dande*, où se trouve une station importante sur la voie ferrée de Dakar à Saint-Louis.

Il n'y a pas encore bien longtemps, ce pays était presque inconnu. Les récits de quelques voyageurs qui l'avaient traversé n'étaient point de nature à engager le Gouvernement à faire des sacrifices pour le coloniser. Les villages étaient réunis l'un à l'autre par quelques sentiers difficiles à reconnaître la nuit et passant à travers d'épais fourrés.

Les populations n'étaient pas plus engageantes que le pays : les unes fanatisées par la religion, les autres abruties par le *sangara* (eau-de-vie de traite) et habituées au pillage, toutes très braves et guerrières ; il fallait, pour les réduire, disposer de forces sérieuses. Il était donc d'une meilleure politique de s'abstenir, comme on l'a fait, d'attaquer de front deux ennemis à la fois.

Le Gouvernement a résolu sagement de réduire successivement les Tiédos et les marabouts du Cayor. Mais, pour bien faire comprendre cette tactique, il est nécessaire de donner, au préalable, quelques éclaircissements sur l'organisation du Cayor.

Le pays était depuis de longues années sous la domination d'un monarque absolu, portant le titre de *damel*. Celui-ci, presque toujours abruti par l'eau-de-vie, l'absinthe et les débauches, était entouré de conseillers et de chefs influents, (d'une cour, en un mot, s'il est permis d'établir un parallèle entre des gens demi-sauvages et les peuples civilisés), qui exerçait sur son esprit une très grande influence. Les affaires du pays, quand elles marchaient, étaient donc dirigées selon l'intelligence ou le degré de puissance du favori du jour. La force sur laquelle on s'appuyait était une caste dite des *Tiédos*, hommes sans foi ni loi, ennemis de tout travail, buveurs d'absinthe et de sangara frelatés, mais en revanche d'une bravoure à toute épreuve.

Les Tiédos, qui portaient le nom de *captifs de la Couronne*, composaient donc une véritable armée, irrégulière il est vrai, mais redoutable, car, au moindre signe de leurs chefs, ils mettaient le fusil sur l'épaule et le pied à l'étrier pour courir au rendez-vous indiqué. Il va sans dire que le pays n'était pas cultivé par eux, mais par les marabouts, c'est-à-dire par tous ceux qui s'étaient convertis à l'islamisme et se livraient à leur travail favori, l'agriculture.

Lorsqu'ils étaient pressés par le besoin, qu'ils avaient vent d'une bonne aubaine, ou bien encore sur l'ordre du damel, les Tiédos fondaient à l'improviste sur un village, dévastaient tout, se livraient à tous les excès possibles, et, après avoir fait provision d'un ample butin et capturé toute la population, ils mettaient le feu aux cases et s'en retournaient soit chez eux, soit auprès du chef qui avait commandé l'expédition.

Une telle manière de faire n'était pas de nature à faire prospérer le pays et à **y** développer le commerce.

Les marabouts composant, comme nous venons de le dire, la population agricole du Cayor, bien qu'ils n'aimassent pas l'étranger et fussent désireux de conserver les traditions de leur pays, souhaitaient une intervention. Une province surtout, celle de *N'Diambour*, située au nord du Cayor et entièrement composée de N'Diambours ou hommes libres, était plus que toute autre, en butte aux incursions des Tiédos. Composée uniquement de marabouts, portant le nom de *serignes*, elle désirait ardemment la fin d'un état de choses qui mettait des entraves à son travail et à son commerce. Aussi, lorsqu'elle eut reconnu la supériorité des Européens et compris, après plusieurs luttes contre eux dans lesquelles elle eut le dessous, qu'elle pouvait de ce côté trouver un appui, se détacha-t-elle insensiblement et finit-elle plus tard par demander son annexion à la colonie.

Mais ce n'est pas du premier coup qu'un pareil résultat put être obtenu. Il serait trop long d'exposer les différentes phases par lesquelles on passa pour y arriver. Nous nous contentons de les résumer brièvement.

Lorsqu'en 1860 commencèrent d'une façon sérieuse les hostilités contre le Cayor, le programme était l'anéantissement de la puissance des Tiédos, dont les brigandages devenaient de jour en jour plus inquiétants, et de venir en aide aux populations qui, désireuses avant tout de cultiver leurs champs et de vivre dans la crainte du Dieu de Mahomet, voyaient avec peine l'abrutissement et la cruauté de leur roi et de ses janissaires augmenter tous les jours. Des colonnes expéditionnaires partant de Saint-Louis et de Gorée parcoururent le Cayor ; plusieurs combats furent livrés, et partout on reconnut que le pays était d'accès difficile, l'ennemi brave et les partisans de la guerre résolus à soutenir leurs privilèges et leur indépendance. Les ravitaillements étaient d'une extrême difficulté; les quelques postes (télégraphiques surtout) parsemés le long de la bande des niayes pouvaient bien, dans certaines limites, venir au secours des colonnes mais d'une façon incomplète, et il fallait que celles-ci traînassent à leur suite des convois considérables d'animaux porteurs (chameaux, mulets et bœufs) ou se résignassent à ne faire que de courtes incursions dans le pays.

Aussi, pour obtenir un résultat définitif, le Gouvernement ne se contenta pas d'opposer les Marabouts aux Tiédos en se proclamant protecteur des premiers : il opposa Tiédos à Tiédos et damel à damel. Le dernier que nous avions à combattre, *Lat-Dior*, avait des droits très discutables au trône.

Ils lui furent contestés, en effet, par son oncle, *Madiodo*, que nous soutînmes et qui, après quelques expéditions fut solennellement proclamé damel et installé par nous dans sa capitale.

Pour que l'appui fût plus efficace, on construisit un poste à *N'Guiguis*. C'est après la construction de ce poste que le commandant, trompé par les renseignements qu'on lui donnait, crut possible d'aller exterminer Lat-Dior à quelques lieues de là. Il fut tué et sa petite colonne massacrée ou dispersée à *N'Golgol*. Après ce désastre, Lat-Dior fut chassé par nous et s'enfuit vers le Sud, dans le Baol, puis dans le Sine et enfin dans le Rip.

Le Cayor, resté quelque temps sous le gouvernement de Madiodo ne prospéra pas. Celui-ci, aussi abruti que son adversaire, reçut une pension du Gouvernement et s'installa à *Potou*. Le pays, divisé en sept cantons et le *N'Diambour*, divisé en trois, furent annexés à la colonie.

L'épizootie et les sauterelles amenèrent une famine que la guerre avait déjà préparée et qui fut terrible : les malheureux habitants moururent de faim ; ceux qui avaient quelques ressources abandonnèrent le pays et allèrent en grande partie retrouver Lat-Dior qui s'était retiré auprès de *Maba*, marabout prêcheur de guerre sainte qui désolait le pays au nord de Saloum et menaçait nos possessions de l'arrondissement de Gorée.

Ce marabout que nous allâmes, après avoir échappé à des dangers de toutes sortes, battre dans son propre pays, mourut quelques années plus tard. Par suite d'un revirement dans la politique du Gouvernement, on rappela Lat-Dior du Rip, pour lui rendre le Cayor, où nous avions construit sur les frontières Est et Sud des postes nombreux. On crut qu'il nous était difficile d'administrer une étendue de territoire aussi considérable, et, qu'une fois entre les mains de son véritable chef le pays redeviendrait prospère. Mais il y avait bien des haines encore vivaces, bien des vengeances à assouvir. Lat-Dior redevint notre ennemi et l'on se battit de nouveau contre lui et pas toujours avec avantage.

C'est alors qu'un nouveau prêcheur de guerre sainte, *Amadou Seïkou*, descendit du Fouta, soumit le Djolof, battit Lat-Dior; il s'était attiré dans tous le pays, même dans les provinces de la rive gauche du fleuve, une popularité telle que la colonie se trouvait menacée. Si Saint-Louis était à l'abri, l'existence de beaucoup de nos postes et notre influence étaient compromis incontestablement. Lat-Dior se rapprocha de nous, demanda notre appui et marcha à notre suite contre Amadou, qui fut battu et mis à mort. Cet événement anéantissait d'un seul coup la puissance de ses partisans, qui ne tardèrent pas à se disperser, et Lat-Dior devint de nouveau maître de ce pays.

Pendant sept ans, ce prince se montra reconnaissant ; mais au mois de juillet 1882, à l'occasion de la construction du chemin de fer de Dakar à Saint-Louis, il souleva de nouvelles difficultés. Oubliant le traité qu'il avait signé en 1879, il adressa au gouverneur une lettre insolente et pleine de menaces. M. Servatius répondit à cette lettre par l'envoi d'une colonne expéditionnaire qui, entrée dans le Cayor le 26 décembre 1882, chassa pour la quatrième fois de son pays le régent Lat-Dior, le damel Samba-Lawbé et tous les captifs de la couronne. Avant de quitter le Cayor devenu un véritable désert, le colonel Wendling, commandant l'expédition, avec l'approbation du gouverneur, reconnut comme damel Samba-Yayé, neveu de Lat-Dior. Ce prince prit, à son avènement, le nom de Ahmadi-N'Goné-Fall.

En même temps le N'Diambour et le N'Guick Mérina étaient déclarés indépendants du Cayor. La première de ces provinces fut confiée au fils de l'ancien Diaraf N'Diambour-Maïssa-Cellé, Birajhima-N'Diaye, la seconde à Madior-Thioro, fils de l'ancien damel Madiodo.

Malheureusement, il nous fut impossible d'utiliser le dévouement réel à la France d'Ahmadi-

N'Goné, qui n'avait absolument aucune des qualités requises pour régner sur un pays dont les coutumes féodales et religieuses étaient en opposition avec l'illégitimité et l'ivrognerie du nouveau roi que nous venions d'imposer au Cayor.

Quelques mois à peine après l'avènement d'Ahmadi-N'Goné-Fall, Samba-Lawbé, héritier réel, par droit de naissance, du titre de damel, se présentait avec les captifs de la couronne dans le Cayor, et attirait à lui sans difficulté les rares habitants restés dans le pays. Ahmadi-N'Goné, avec une cinquantaine de guerriers, se réfugia à Gandiole.

Une deuxième colonne française, sous les ordres de M. le chef de bataillon Dodds, marcha à son secours. Malgré toute l'habileté de cet officier supérieur, malgré l'entrain et le dévouement des troupes françaises, la poursuite de l'ennemi fut encore inutile.

Néanmoins, Samba-Lawbé, devant la persévérance que l'on mettait à le poursuivre, se décida à entrer en pourparlers et envoya vers le commandant Dodds un captif de la couronne, Moussé-Boury.

Le lendemain de l'entrevue de cet envoyé avec le commandant de la colonne, le directeur des affaires politiques, M. Ballot, se rendit, avec une escorte de vingt spahis, à Megnelé, où il devait s'aboucher avec Samba-Lawbé.

Les négociations eurent un plein succès, et Samba-Lawbé consentit à venir à Saint-Louis faire sa soumission au gouverneur lui-même, demandant simplement l'autorisation de rentrer dans le Cayor pour y vivre en simple particulier.

Cette autorisation lui fut accordée, et du mois de mai au mois d'août 1883, Samba-Lawbé, fidèle à sa parole, ne s'occupa que de rappeler dans son pays tous les Bodolos, c'est-à-dire les cultivateurs.

D'un autre côté, au contraire, Ahmadi-N'Goné-Fall, par son impopularité et ses pillages, nous causait journellement des difficultés.

Il aurait été surprenant d'ailleurs que Lat-Dior renonçât si facilement à laisser le Cayor vivre en paix ; aidé du Bourba-Djolof, il pénétra dans le Cayor au mois de juillet et ne dut se retirer que devant l'attitude menaçante de Samba-Lawbé et des captifs de la couronne. Dès la nouvelle de l'approche de Lat-Dior, Ahmadi-N'Goné-Fall avait fui de nouveau vers notre frontière, nous demandant encore les secours d'une nouvelle colonne.

Cette situation ne pouvait durer ; elle menaçait de s'éterniser, et, d'un autre côté, nous ne pouvions conserver à la tête du Cayor, contre la volonté de ses habitants, un damel aussi ridicule que pusillanime.

Le gouverneur Bourdiaux, muni des instructions qui lui avaient été données par le département, à son départ de France, demanda à Ahmadi-N'Goné-Fall d'abdiquer, ce qu'il obtint sans aucune difficulté, et il reconnut alors comme damel du Cayor Samba-Lawbé-Fall.

Par un traité signé à Betête le 28 août 1883, en présence de tous les chefs, des notables et des captifs de la couronne du Cayor, ce prince reconnaissait le N'Diambour et le Mérina-N'Guick indépendants du Cayor, et promettait fidélité et obéissance au Gouvernement français.

Samba-Lawbé s'appliqua tout d'abord à repeupler et à pacifier son pays. Il favorisa également a construction et l'exploitation du chemin de fer de Dakar à Saint-Louis, et se montra envers nous un allié docile et fidèle. Malheureusement, ces bonnes dispositions ne furent pas de longue durée. Au mois de mai 1886, sans avoir pris conseil du gouverneur, et sans même l'avoir prévenu, le Damel déclarait la guerre à Aly-

Boury, Bourba-Djolof, et, à la tête de son armée, traversait le N'Diambour et une partie du canton de Mérinaghem, malgré nos protestations. Samba-Lawbé fut complètement battu dans le Djolof le 6 juin et regagna précipitamment son pays, poursuivi de près par son adversaire, qui envahit le Cayor. Samba-Lawbé, sans ressources et abandonné de ses guerriers, implora le secours du gouverneur. Mais celui-ci n'avait pas attendu ses doléances pour intervenir. Nos intérêts dans le Cayor étaient compromis, et une marche en avant d'Aly-Boury pouvait menacer la voie ferrée. Aussi, M. le lieutenant Minet, directeur des affaires politiques par intérim, fût-il envoyé auprès de ce chef pour lui enjoindre d'avoir à suspendre sa marche et à rentrer dans son pays. Les pourparlers furent longs et difficiles ; mais enfin Aly-Boury obéit moyennant une légère indemnité à titre de dommages-intérêts. Pendant ce temps, le gouverneur, M. Genouille, dans une entrevue à N'Dande avec Samba-Lawbé, infligeait à ce dernier une forte amende pour avoir déclaré la guerre sans son consentement, et avoir violé des territoires protégés et annexés.

C'est là que commencèrent les difficultés.

Débarrassé de son adversaire et cédant à de

mauvais conseils, Samba-Lawbé oublia ses engagements, et refusa de payer l'amende. De plus, nourrissant le projet de reprendre la guerre contre Aly-Boury, il se mit à violenter les traitants français aussi bien que ses sujets, pour se procurer les ressources nécessaires.

Toutes les remontrances étaient restées inutiles; néanmoins, dans les premiers jours d'octobre 1886, le gouverneur tenta un dernier essai de conciliation. Son aide de camp, M. le capitaine Spitzer, fut chargé de cette démarche. Cet officier, escorté de vingt spahis, se présenta à Tivaouane, au damel, que suivaient de nombreux guerriers. Aux propositions du capitaine, Samba-Lawbé répondit par des coups de fusil; les spahis chargèrent, le Damel fut tué de la main du sous-lieutenant Chauvey (6 octobre).

Aujourd'hui, l'ordre est complètement rétabli, et le Gouvernement veille avec le plus grand soin au maintien des relations amicales qui existent actuellement.

Tout le monde a pu voir à l'Exposition universelle de 1889 les jeunes princes du Cayor, du N'Diambour et du Baol, que la colonie du Sénégal fait élever à ses frais à Saint-Louis, et que le gouverneur m'avait donné ordre de conduire à Paris. Ils étaient couverts d'une longue robe de soie rouge et jaune. Sous leurs coiffures brillaient de grands yeux expressifs. Beaucoup de curieux ont peut-être cru voir des nègres à l'état sauvage : erreur profonde. Ces jeunes princes sont extrêmement intelligents et se rendaient parfaitement compte de tout ce qu'ils voyafent.

Possédés d'un vif désir de s'instruire, mêlé à la curiosité du jeune âge, ils ne cessaient, en arrivant en France, de me faire mille questions sur ce qui se passait autour d'eux. Les chemins de fer attiraient surtout leur attention ; ce n'était cependant pas du nouveau pour eux, puisqu'ils avaient voyagé sur la ligne de Saint-Louis à Dakar. Il me fallut néanmoins leur donner beaucoup d'explications sur le nombre des voies ferrées, la rapidité des trains, etc.

J'arrivai à Paris à la gare Saint-Lazare, où m'attendait M. l'amiral Vallon, délégué du Sénégal à 'Exposition. L'amiral mit deux des princes avec lui dans son landeau, je pris les deux autres et nous filâmes vers l'Esplanade des Invalides. Durant tout le trajet, ils ne cessèrent de manifester leur étonnement à la vue de tant de voitures dans les rues et sur les boulevards. Ils ne comprenaient pas comment on pouvait arriver à construire d'aussi beaux édifices que les magasins du Printemps et la Madeleine. Lorsqu'ils virent la tour Eiffel, leur admiration n'eut plus de bornes et ce ne fut qu'une longue exclamation : *Bissimulail-diam !* J'avoue que, cette fois, je partageai leur admiration devant ce monument que je voyais pour la première fois.

Je restai dix jours à Paris. Par l'intermédiaire de M. Trouillet, directeur de l'*Annuaire colonial,* de M. Bayol, lieutenant gouverneur des Rivières du Sud, et de quelques membres de la presse parisienne, je pus leur faire visiter les grandes imprimeries, le collège Rollin, l'installation des téléphones, etc. Les questions réitérées des jeunes princes étonnèrent les membres de la presse qui furent frappés de leur intelligence. Leur surprise fut plus grande encore lorsque, dans un banquet offert par eux au Café américain, un des princes prit la parole pour les remercier de leur gracieuse invitation.

L'un de ces princes, le jeune *Maïsa,* est le petit-fils de Samba-Lawbé, damel du Cayor, tué en combattant corps à corps avec le lieutenant de spahis Chauvey.

GORÉE

CHAPITRE VI

GORÉE

L'île de Gorée est située sur la presqu'île du
cap Vert, par 14°39′55″ de latitude Nord, et par
19°45′ de longitude Ouest. Elle est distante
d'environ 1 mille 1/2 de Dakar, dont elle est
destinée à devenir une dépendance lorsque ce
port aura pris une extension plus considérable.

Cette île est un rocher à pic, d'une superficie
de 36 hectares, celle du Champ-de-Mars
de Paris. L'ensemble de la ville est agréable ; les
maisons sont presque toutes construites dans
le style arabe ; les rues sont généralement assez
propres.

C'est entre l'île et la côte que les nombreuses
embarcations des noirs viennent au-devant des

paquebots d'Europe ; c'est aussi dans cette baie, fréquentée par les requins, que les jeunes indigènes s'amusent à solliciter l'aumône des passants en leur demandant de jeter par-dessus bord des pièces de monnaie, qu'ils vont rattrapper au fond de la mer.

La situation de Gorée, au point de vue stratégique, était précieuse autrefois, quand nous n'avions qu'une faible autorité sur les populations riveraines. Défendue par un petit château fort placé à l'extrémité de l'île, elle pouvait défier les attaques des indigènes.

L'eau douce est bonne à Gorée ; c'est de l'eau de source. Presque toutes les maisons sont pourvues de citernes.

Bien que cette île soit l'endroit le plus sain du Sénégal, sa population diminue de jour en jour, pour aller s'établir, soit à Dakar, soit à Rufisque.

Pendant longtemps, Gorée a dû se suffire à elle-même ; une grande animosité régnait entre ses habitants et ceux du continent. Ce n'est que depuis notre occupation du cap Vert que ces dissensions ont pris fin.

RUFISQUE

CHAPITRE VII

RUFISQUE

Rufisque est situé au sud de la baie formée par la presqu'île du Cap Vert. La rade est splendide : les navires des plus forts tonnages peuvent s'approcher jusqu'à 1 mille de terre.

La houle est très forte et dangereuse pendant les mois d'août et de septembre, par suite des vents de Sud-Sud-Est. Les raz de marée y sont très violents et rendent difficile le débarquement sur la plage. Un appontement de 200 mètres vient d'y être construit pour faciliter la communication de la terre avec la rade.

Bien que de fondation déjà ancienne, Rufisque ne s'est développé que depuis quelques années, Son importance s'accroît de jour en jour; avant peu, son marché deviendra le grenier des arachides du Diander, du Cayor et du Baol. C'est la plus importante des stations sur le chemin de fer de Dakar à Saint-Louis. Sa population, qui en 1878 n'était que de 1,193 habitants, s'élève d'après le recensement de 1886, au chiffre de 6,794. C'est actuellement, après Saint-Louis, a ville la plus peuplée de la colonie.

Cette ville se trouve malheureusement au milieu de marécages véritablement insalubres, et elle est d'autant plus malsaine qu'elle est à peine bâtie, attendu que la plupart des habitations qui la composent ne sont que des cases d'indigènes ou, pour les Européens, des baraquements. Des trois villes, Gorée est de beaucoup la plus salubre ; Dakar vient ensuite, quoique ses environs nécessitent certains travaux d'assainissement, et Rufisque n'arrive que bien loin derrière elles.

Mais Rufisque, situé à l'est de Dakar, a l'avantage de se trouver à l'endroit où convergent les routes du Cayor, du Ferlo, du Baol et du Sine.

Entre Rufisque et Dakar se trouve un endroit des plus malsains, le village de Hann, placé au milieu d'un marécage ; ce village doit disparaître avant peu et le marécage sera drainé, puis comblé. Ce sont les disciplinaires qui seront chargés de ces travaux.

LE SALOUM — FOUNDIOUQUE

CHAPITRE VIII

LE SALOUM — FOUNDIOUQUE

Le *Saloum* tire son nom de la rivière qui l'arrose ; pays peu intéressant, tant par son aspect que par ses habitants.

Les Serrères du Saloum, de même que ceux du royaume de Sine, qui est limitrophe, sont des buveurs d'eau-de-vie. C'est certainement l'endroit de la côte où l'on rencontre le plus d'ivrognes. A *Foundiouque*, petit village situé à 30 milles de l'embouchure du Saloum, j'en ai vu qui étaient on ne peut plus alcoolisés.

Ils ont la figure enflée, le nez et les lèvres démesurément gros, les yeux injectés de sang, la peau huileuse, un cou de taureau, les cheveux êtres hideux et repoussants, dont on ne peut se faire une idée. Ils ont pour tout vêtement un pagne autour des reins.

La paresse est encore un de leurs défauts; quand un navire vient prendre charge à Foundiouque, il est obligé d'avoir recours aux indigènes de Gorée ou de Bathurst.

A Foundiouque sont établies quatre des plus grandes maisons du Sénégal. Le commerce principal consiste dans l'échange des arachides contre les cotonnades et l'eau-de-vie de traite. Les maisons occupent, d'un bout de l'année à l'autre, un grand nombre de Yolofs de Saint-Louis, de Dakar et de Gorée.

Il n'y a pas d'eau à Foundiouque. Si on en a besoin il faut descendre la rivière et mouiller en dedans à *San-Gomar*, où l'on trouve des aiguades sous le bouquet de palmiers. Dans le village même, on peut se procurer des poules et des œufs; les cochons de lait valent 5 francs la pièce. Les pirogues apportent du poisson. Sur la rive droite, en face du village, les palétuviers pourront vous fournir une très grande quantité d'excellentes huîtres.

Le télégraphe fait communiquer Foundiouque avec le Sénégal.

Après Foundiouque, les côtes remontent à *Kaolak* que l'on trouve à 40 milles plus haut sur la rive droite. Nous y avons un poste français ravitaillé par le *Podor*, canonnière de l'Etat.

BATHURST

CHAPITRE IX

BATHURST

Bathurst, ville anglaise de fondation récente, est situé à l'entrée de la pointe qui termine la rive gauche de la Gambie, pointe qui se prolonge jusqu'au cap Sainte-Marie.

Le plateau sur lequel il est bâti est entouré de marigots qui se transforment en marais malsains.

Une batterie, placée dans le nord de la ville, croise ses feux avec une autre batterie établie sur la rive opposée, à la pointe de *Barra*. Les Anglais n'y entretiennent plus qu'une garnison de policemens.

La ville est habitée autant par les indigènes français du Sénégal que par les indigènes anglais.

On y trouve aussi la race des *Floups* et celle des *Brams*. Les femmes de ces deux races sont les plus laides et les plus malpropres de toutes celles que j'ai rencontrées en Afrique. Elles ont la tête rasée, vivent misérablement, vêtues seulement d'un lambeau de pagne à couleur douteuse ; leur aspect est repoussant. Les hommes dorment au soleil pendant que les femmes travaillent au chargement des navires,

Une autre race peuple également Bathurst : c'est l'*Acou* de Sierra-Léone. Les Acous ont les traits plus réguliers et sont plus soignés dans leur mise ; on en voit en chapeau de soie, gilet blanc et souliers vernis.

Ils sont presque tous marchands ou industriels ; le marchand de colas prime les autres. Parmi eux se trouvent des cordonniers, des horlogers, des tonneliers, etc... Cette race est généralement assez intelligente ; aussi n'est-il pas rare de voir des Acous occuper des positions assez élevées, telles que celles de médecin, magistrat, etc... Le receveur des douanes en Gambie et ses employés sont des Acous.

Le commerce de Bathurst est en grande partie tombé ; son principal produit consiste dans les arachides, qui descendent de la Haute-Gambie.

Les maisons les plus importantes, presque toutes françaises, ne font que de médiocres affaires. Le capitaine allant pour la première fois à Bathurst ne devra pas s'étonner d'y trouver cinq grandes maisons françaises dont les agents sont d'une courtoisie et d'une affabilité sans égales.

Bathurst peut fournir des travailleurs pour charger ou décharger les navires. On y trouve à peu près toutes les provisions nécessaires à un navire. La viande de bœuf y est en grande quantité et aussi belle qu'en France; son prix moyen est de 1 fr. 25 le kilo. On peut se procurer également des poissons et des fruits.

Le premier devoir du capitaine, en arrivant à Bathurst, est d'aller rendre visite à l'agent consulaire français, visite qui d'ailleurs est des plus agréables. J'ai trouvé chez M. Pellegrin un accueil charmant. Il me fit l'honneur de m'offrir une place à sa table, après m'avoir présenté à Mme Pellegrin. Je fus entouré de soins par cette gracieuse et aimable femme, ainsi que par ses enfants. On est vraiment heureux des goûter un instant les joies de la famille, bonheur qui manque tant à la vie du marin !

CARABANE

CHAPITRE X

CARABANE

Carabane est situé dans la basse Casamance, sur la rive gauche de la rivière, au-dessus de Guiberigne. Il est entouré de marigots, qui le rendent malsain.

Ce n'est certes pas un lieu de plaisir. A peine est-on descendu à terre qu'on voudrait déjà être de retour à bord. Les rues, dans la saison sèche, sont extrêmement difficiles à traverser, on enfonce presque jusqu'aux genoux dans du sable sec et fin. Si l'on veut sortir dans la matinée ou vers trois heures de l'après-midi, pour aller du poste au village, on est assailli par des milliers de mouches, qui s'attachent à vous, surtout si vous êtes vêtu de blanc.

Certaines nuits d'hivernage sont terribles à Carabane. La chaleur est suffoquante, on manque d'air. Les moustiques vous empêchent de prendre le moindre repos; il y en a des quantités innombrables. Jamais je n'en ai vu autant que là, et cependant j'ai voyagé dans le golfe de Siam, au bas de la rivière de Banckok, à la pointe nommée *Pointe des moustiques*.

La seule nourriture que l'on puisse trouver à Carabane consiste dans les canards, qui se vendent à raison de 0 fr. 50 la pièce, et les cochons de lait, qui valent 5 francs. Encore ne peut-on pas s'en procurer à toutes les époques de l'année.

Le poste de Carabane est sur une île, à l'entrée du fleuve, sur la rive gauche et tout près du village. Sur ce poste se trouve un feu rouge, fixé au haut d'un mât. La faible portée de ce feu ne permet pas de l'apercevoir d'en dehors de la barre; aussi ne sert-il que pour la navigation du fleuve.

La plus grande partie des habitants de Carabane et des environs est composée de Yolofs originaires de Dakar, de Gorée et de Rufisque; ce sont eux qui font la traite. Ils sont employés dans de grandes maisons de commerce. On y trouve également des Floups, des Brams et des Madniagos. Il y a aussi de grands buveurs d'eau-de-vie dans ce pays, comme dans le Saloum.

C'est dans les environs de Carabane, chez les Floups que fut tué le lieutenant Truche, au mois de décembre 1886. Voulant empêcher le pillage des traitants de Carabane, auquel se livraient ces indigènes, le lieutenant Truche s'était rendu à *Fedjao*, pour sommer le chef du village d'avoir à rendre les marchandises et le bétail volés par ses sujets dans le cercle de Carabane. Le chef, voyant le petit nombre d'hommes dont disposait cet officier, (quatre disciplinaires, deux tirailleurs sénégalais, quatre douaniers, cinquante indigènes et une pièce de quatre), prit une attitude arrogante et rassembla ses sujets pour l'aider à insulter la colonne française. Le lieutenant, comme réponse à tant d'audace, voulut s'emparer du chef; aussitôt les Floups se ruèrent sur nos soldats. Dès la première attaque, les cinquante indigènes s'empressèrent de fuir de tous côtés, laissant nos dix hommes aux prises avec les Floups.

Le lieutenant Truche ne songea plus dès lors qu'à assurer sa retraite et celle de ses hommes. Mais il fut tué, ainsi que deux ou trois soldats.

Les Floups piquèrent sa tête à l'extrémité d'un bâton devant la case de leur chef. La pièce de canon tombée entre leurs mains leur fut reprise, quelques jours après, par les troupes que j'avais transportées de Dakar.

Le commerce de Carabane est insignifiant : cette ville est plutôt un entrepôt qu'un marché.

Les navires qui veulent accoster l'appontement de Carabane peuvent le faire, bien que les courants gênent beaucoup. Pendant l'hivernage, qui commence quelques jours plus tôt qu'à Gorée, je recommande aux capitaines de mouiller dans le nord du poste, par 11 à 12 mètres de fond. Il est inutile de mouiller deux ancres lorsqu'il se produit des tornades : la tenue est bonne.

SÉDHIOU

CHAPITRE XI

Sédhiou, située dans la Haute-Casamance, sur la rive droite de cette rivière et à 165 kilomètres de la mer, est devenue une véritable petite ville européenne, avec constructions en briques, magasins, etc. Elle est commandée par un administrateur colonial et possède un médecin. Sa garnison se compose de douze hommes.

Son commerce est assez important et consiste principalement dans le caoutchouc et les arachides. Beaucoup de Français s'y adonnent à la chasse aux oiseaux. Aussi expédie-t-on en France, de cette ville, de belles collections d'oiseaux empaillés, tels que foliotocols, cardinaux, etc.

Sédhiou fournit beaucoup de pirogues à

Dakar, à Gorée, à Rufisque et à Saint-Louis.

Les principales maisons de commerce sont : les maisons Maurel frères et Maurel-Prom, de Bordeaux; Blanchard et Cie, de Marseille. Les principaux traitants sont : MM. René Huchard et Katinel.

Dans le pays on donne à cette ville le nom de *Francis Kounda* (demeure des Français).

BOULAM ET SES ENVIRONS

CHAPITRE XII

BOULAM ET SES ENVIRONS

Boulam, capitale de la Guinée portugaise, a été fondée, je crois en 1793, par le capitaine anglais Beaver's.

Les rues de cette ville sont tortueuses et crevassées dans leur longueur par des torrents d'eau qui coulent au milieu. Certains quartiers sont horriblement sales, principalement ceux des indigènes. Derrière l'hôpital, situé à dix minutes de la ville, on rencontre une quantité de termitières très curieuses de 4 à 5 mètres de hauteur; on les prendrait de loin pour un village. Il n'y a à Boulam aucun monument important; le gouverneur est logé dans une maison basse.

Les Portugais y entretiennent une forte garnison, sous le commandement d'un colonel d'artillerie relevant du gouverneur. Les casernes et l'hôpital sont admirablement tenus. Le service des douanes est très bien fait, mais son personnel est logé dans une maison qui laisse beaucoup à désirer.

La maison Maurel et Prom, où habite l'agent consulaire français, est située en face du Wharf, vis-à-vis la rade ; c'est, à mon avis, la mieux placée de toutes celles de la ville pour le commerce. La maison française la plus importante est la maison Blanchard et Cⁱᵉ qui possède une immense factorerie à *Boubaya*.

La campagne est superbe ; la végétation est riche, le terrain est bon et ne demande qu'à être cultivé, malheureusement ce sont les cultivateurs qui manquent.

La température est généralement très élevée à Boulam ; le plus grand calme y règne toujours ; à Boubaya, on a la brise du nord dans la belle saison.

Lorsqu'on descend à terre, une quantité de nègres entourent les pirogues ; ce sont des *Bijougas*, des *Brams*, des *Mandiagos* etc. Les mieux constitués sont les Brams, mais en revanche, ce sont les plus malpropres : leur corps, enduit d'huile de palme, n'est recouvert que d'une peau de cabri qui leur cache la ceinture. On ne peut se faire une idée de ce que sont ces indigènes de *Galniha*, de *Kanabak*, d'*Orango*, etc.; ils sont d'une voracité inouïe.

Savez-vous comment les habitants de l'archipel des Bisagos se garantissent contre les moustiques? Quand arrive l'heure du coucher, ils s'enduisent le corps de vase. Pour cela, ils descendent à marée basse sur la grève et se roulent deux ou trois fois dans la boue. Les mains et la figure ne sont pas oubliées; les yeux seuls sont exceptés. Je fus très surpris lorsque je les vis, pour la première fois, faire cette singulière toilette de nuit qui répugnerait à nos mondaines d'Europe.

Ce sont ces indigènes qui portent à Boulam les poules, les canards, les cochons et toutes les autres provisions nécessaires à l'alimentation de cette ville. Ils portent également des chargements d'arachides, de caoutchouc, de cire, etc., qui sont la base du commerce de Boulam.

Ils échangent ces produits contre de la guinée, du tabac, des perles, du fil de laiton, des clous à tête dorée, employés par nous dans la tapisserie. Ces clous leur servent à orner la poignée d'un sabre, d'un poignard, d'une lance, le devant d'une pirogue. Ils servent aussi de *gris-gris*, cloués sur une statuette de bois, dont ils forment les yeux. Les statuettes sont des fétiches représentant un haut personnage décédé. Ils mettent ce fétiche dans un trou creusé dans un arbre, de préférence le baobal, ou dans un coin quelconque de la forêt. De temps en temps, ils vont voir si le fétiche y est encore ; s'il n'y est plus, c'est que le défunt est au ciel. Ils sont loin de se douter que la disparition de cet objet n'est due qu'à quelque *toubabe* (blanc), qui s'en est emparé à titre de curiosité.

Ces sauvages naviguent dans l'archipel au moyen de pirogues faites d'un tronc d'arbre. J'ai vu des pirogues de 2 mètres de largeur sur 10 et 12 mètres de longueur. Dans ces pirogues qui venaient à Boulam, se trouvaient quelquefois vingt-cinq ou trente hommes. Ils ne naviguent point à la voile ; ils se servent de pagaies ou encore d'avirons mal façonnés.

Les plus grandes pirogues sont celles de l'île Orango, chez les Bijougas, qu'on accusait autrefois de piller les navires échoués dans les parages. Je crois que cette accusation est bien fondée car, à ma connaissance, ils ont pillé un navire

l'année dernière, dans les circonstances sui
vantes :

La goélette *Père-Guignard*, jaugeant 200 ton-
neaux, du port de Gorée, était affrétée par le
gouvernement du Sénégal pour transporter du
charbon à Conakry. Tous les hommes de l'équipage étaient des noirs, y compris le capitaine lui-
même, qui était en même temps armateur.

En traversant les Bissagos, cette goélette est
prise par les calmes entre l'île de *Mel* et l'île
Jamber, et obligée de mouiller. Je passe près d'elle
avec le *Dakar* me rendant au Rio-Nunez. Le
lendemain matin le calme se maintenant toujours
il lui est impossible d'appareiller. Vers huit ou
neuf heures, quelques pirogues viennent se ranger le long du bord ; les indigènes qui les mon-
taient demandent à l'équipage du *Père-Guignard*
à échanger les oranges qu'ils apportent contre
du tabac, et, tout en faisant ces propositions,
montent à bord et regardent dans tous les coins
sans rien dire. L'équipage les voyant aussi nombreux (ils étaient environ cinquante), n'ose les
en empêcher. Au bout d'un quart d'heure de
perquisition, ils se portent tous à l'avant de la
goélette et se mettent à tirer sur la chaîne. Mais
l'ancre ne peut pas déraper ; aucun d'eux ne

trouve le moyen de faire tourner le guindeau qui était à brimballes, heureusement démontées.

L'intention des Bijougas était de conduire la goëlette à terre. Voyant l'impossibilité d'y réussir ils commencent à tout piller : les voiles sont déverguées, les compas enlevés ; il ne reste à bord que le charbon composant le chargement. Le fruit de leur pillage est aussitôt mis dans leurs pirogues débarrassées des oranges qu'ils ont jetées dans la goélette,

Une caisse de médicaments, destinée au poste de Conakry, est ouverte dans l'une des pirogues. Le contenu de plusieurs flacons, pots d'onguents, paquets d'ipeca, etc., est avalé. Deux indigènes se disputent un petit flacon contenant un liquide noir (du laudanum), qui leur semble très appétissant ; le plus fort réussit à s'en emparer, le vide d'un trait et tombe foudroyé, pendant que les autres, croyant à une plaisanterie faite pour les amuser, rient à gorge déployée.

Une scène d'un autre genre, mais non moins curieuse, se passe dans une autre pirogue. Les Bijougas ayant vu le capitaine du *Père-Guignard* regarder dans sa longue-vue, la lui arrachent des mains. Tous, l'un après l'autre,

veulent examiner ce que peut contenir ce sin-
gulier appareil et regarder ce que l'on y voit. A
côté d'eux est un autre groupe qui se dispute un
revolver pris dans la chambre du capitaine.
Ignorant l'usage de cet objet, et trouvant que le
canon ressemblait assez à la longue-vue, les
Bijougas se l'appliquent sur l'œil pour regarder
dedans. Tout à coup, une détonation retentit
et l'un des indigènes tombe mort, l'œil traversé
par une balle.

L'aventure prend fin à cet accident. Déjà
trois ou quatre morts sont étendus dans la
pirogue où se trouve la caisse de médicaments.

Les Bijougas s'empressent de fuir avec ce
qu'ils ont pillé, en criant que le diable est dans
la goëlette.

Je tiens cette histoire du capitaine même du
Père-Guignard.

LE RIO-NUNEZ

CHAPITRE XIII

LE RIO-NUNEZ

Le Rio-Nunez, rivière qui a donné son nom au pays qu'elle arrose, descend du Fouta-Djallon, traverse le pays des *Landoumans,* celui des *Nalous* et celui des *Bagas,* et vient se jeter dans la mer à 25 milles environ du cap Verga.

La France a reconnu deux rois dans le Rio-Nunez : *Sarah,* roi des Landoumans, et *Dinah Salifou,* roi des Nalous. Ce dernier, par traité du 1er décembre 1865, a placé tout le territoire qu'il commande sous la suzeraineté exclusive de la France.

A partir de Victoria, on rencontre, en remontant le Rio-Nunez, plusieurs villages.

VILLAGE DE GAMA-SAINT-JEAN. — Le premier,

Gama-Saint-Jean, est bâti sur la rive gauche. Devant ce village, la plus grande partie du lit du fleuve est obstruée par un banc de roches dangereux. Presque en face se trouve une pointe saillante, à la rive droite : c'est un plateau de roches qui est découvert à marée basse.

VILLAGE DE CANIOPE. — Le village de Caniope est caché au milieu des arbres qui garnissent les rives du Rio-Nunez. Il est situé sur les bords du marigot de Caniope.

VILLAGE DE KASSACOBOULY. — A 2 milles au-dessus du marigot de Caniope on rencontre, sur la rive gauche, le village de *Kassacobouly*, résidence de Dinah-Salifou, notre hôte de l'Exposition de 1889. Ce village, où vivait, dit-on, depuis des siècles la vieille race des Salifou, fut détruit par les Anglais en 1844. Dinah l'a fait reconstruire et y a établi sa cour.

Kassacobouly est construit sur une berge élevée de 14 mètres. Il y a là une pointe remarquable par les palmiers dont elle est couverte. De cette pointe part un banc de roches qu'il faut éviter; ce banc traverse presque tout le fleuve. Une vieille carcasse de navire coulée sur la queue de ce banc se voit toujours, même dans les plus grandes marées. En face du village, le fleuve fait un double coude; un banc de sable et de vase s'étend sur la rive droite. Aussi, les navires qui descendent de Bel-Air, après avoir passé entre la carcasse et la terre, ne doivent pas tourner brusquement; ils doivent arrondir la pointe en passant sous le village de Kassaco-bouly.

J'ai eu plusieurs fois l'occasion de visiter le village et le palais du roi. Depuis quatre ans que je connaissais Dinah, j'étais devenu son ami et même son confident; aussi se faisait-il un plaisir de me promener au milieu de ses propriétés et de me servir lui-même de cicérone.

Un jour que j'étais avec lui, il me dit :

« Capitaine, tu es jeune, toi, mais tu es tout de même mon vieux camarade et je vais te montrer quelque chose.»

Il me fit signe de le suivre tout seul et me mena à 200 mètres de son palais, derrière un talus qui entoure les nouvelles constructions. Je vis alors, sur une étendue d'environ 90 à 100 mètres carrés un fouillis de cases en terre, à demi écroulées, au milieu desquelles on apercevait çà et là quelques vieux pans de mur, recouverts d'herbes et de ronces, et dont les plus hauts n'avaient pas plus de 3 mètres.

— Vois-tu cela, me dit-il, en me montrant tout cet assemblage ; c'est là que reposent tous les vieux Salifou.

— C'est bien triste, lui dis-je.

— Oui, c'est bien triste ; mais viens maintenant par ici.

Je le suivis de nouveau et il me conduisit cette fois sur le petit appontement en pierre qu'il a fait construire au bord du fleuve, en face de son village. Quand nous fûmes arrivés au bout du wharf, il me dit :

— Vois-tu cet endroit près de nous sur ces pierres? C'est là qu'il y a bien longtemps le vieux Salifou a tranché la tête à l'équipage d'une goélette de guerre anglaise.

— Pourquoi donc lui demandai-je ?

— Parce que les Anglais sont méchants.

Ils avaient déjà longtemps avant brûlé et détruit le village, que le vieux Salifou avait fait rebâtir.

— Mais les Anglais ne détruisaient pas uniquement pour le plaisir de détruire?

— Ma foi si. Ils étaient contents de voir les pauvres noirs sans abri, obligés de coucher sous la pluie, au pied des arbres. Ils nous traitaient non comme des hommes mais comme des bêtes, parce que nous ne sommes pas de la même couleur qu'eux. Crois-tu que Rio-Nunez devienne Anglais?

— Pourquoi me fais-tu cette question?

— Parce que les Acous qui viennent de Sierra-Leone m'ont dit que la France était sur le point de céder aux Anglais toutes les rivières comprises entre les Bissagos et Sierra-Leone, en échange de la Gambie.

— Ne crains rien, lui dis-je, tu resteras encore Français longtemps et tes descendants aussi. Tu ne voudrais donc pas être Anglais?

— Non certes, j'aime bien mieux rester Français.

— Viens alors voir la France, viens voir cette belle exposition universelle, puisque le Gouvernement m'a chargé de te dire qu'il voudrait bien t'y voir venir avec quelques-uns de tes ministres.

— Je ne demanderais pas mieux... mais crois-tu qu'après cela je vive bien longtemps? Un almamy ne doit pas voir la mer. Or, si je vais en France, il me faudra m'embarquer et perdre la terre de vue; je suis donc certain de mourir un an ou deux après mon retour ici. Voilà à quoi m'aura servi d'avoir vu tant de belles choses!

Je réussis cependant à persuader à Dinah-Salifou qu'un voyage en France ne le ferait pas mourir avant son heure et je l'amenai à Saint-Louis. De là, il se rendit à Dakar, où il s'embarqua sur le paquebot à destination de Marseille.

Dinah-Salifou, outre une partie du Rio-Nunez a aussi sous sa domination le Rio-Cassini, dont le lieutenant de vaisseau Vallon, commandant l'aviso le *Diahmalth*, aujourd'hui amiral et député du Sénégal, a pris possession, au nom de la France, le 9 mars 1857, en vertu du droit du premier occupant.

Village de Bel-Air. — Au delà de Kassacobouly, à 1/2 mille environ sur la rive droite, on rencontre le village et les factoreries de Bel-Air.

La factorerie de la Compagnie française de la côte occidentale d'Afrique est construite au sommet d'une berge assez élevée. A 700 mètres plus loin, toujours sur la rive droite, existe la grande factorerie Blanchard et Cie, de Marseille. Le village de Bel-Air se trouve entre les deux factoreries, mais son impotance est médiocre.

Un jour que je me rendais d'une factorerie à l'autre, je traversais ce village, dont les cases sont assez espacées et enfouies dans une verdure très épaisse, lorsqu'en passant par un sentier très étroit, je me trouvai tout à coup en face de quatre simous (sorciers). Ils portaient tous les quatre le même costume: un bonnet pointu, orné de petits grelots à son extrémité et un vêtement d'une coupe bizarre que je ne connaissais pas encore; à leurs pieds et à leurs bras étaient aussi des grelots. Arrivés près de moi, ils se mirent à m'entourer en dansant et en faisant mille grimaces et mille signes mystérieux.

Je trouvais ma position très embarrassante. J'imaginai enfin, pour les satisfaire, de rire et de danser comme eux.

Je paraissais ainsi très heureux de prendre part à leurs divertissements, bien qu'en réalité je me fusse volontiers passé de cette petite distraction. Leur danse dura à peu près dix minutes, au bout desquelles les quatre simous prirent la fuite et disparurent dans les fourrés. Quelques instants après, je rencontrai un traitant yolof, du nom de Charles Fara accompagné de plusieurs Nalous. Je leur racontai mon aventure, pensant qu'ils en riraient comme moi. Erreur; je fus très étonné de les voir me dire avec l'accent de la plus profonde conviction que, si j'avais eu le malheur d'indisposer les simous contre moi et de ne pas les imiter, j'aurais immédiatement été changé en un animal quelconque, singe ou lion, etc.

Ces simous causent dans le pays une véritable frayeur aux habitants. Si une famille tombe sous les sorts qu'ils lui ont jetés, ses champs de riz et toutes ses terres ne doivent plus rien produire, ses bestiaux sont appelés à périr et elle-même doit disparaître sous peu de temps.

Les simous existent au Rio-Pongo, à la Dubréka, à Conakry et en Mellacorée. Ils forment une sorte de corporation assez semblable à la franc-maçonnerie, tout en ayant un but différent.

Les Nalous prétendent que ces sorciers ont des relations avec de grands singes noirs, sorciers eux-mêmes, que l'on rencontre en grande quantité sur le trajet de Victoria à Bel-Air, au bord du fleuve. Il est très difficile de se procurer de ces singes : les noirs ne veulent pas les capturer. J'en ai eu un cependant en ma possession et j'ai pu remarquer que cette race était très intelligente et très rusée. Le soir, lorsqu'il faisait froid, il se couvrait avec un lambeau d'étoffe pour se garantir, tout comme aurait pu le faire un être humain. Ces singes ne ressemblent pas au chimpanzé qu'on trouve dans le haut du Rio-Nunez.

Une négresse que j'avais à mon service en élevait un au sein. Le singe, déjà très fort, passait ses bras autour de son cou, absolument comme un enfant. Dès que sa nourrice le quittait un instant, il se mettait à pleurer et s'accrochait à ses boubous. La négresse le prenait par la main et le faisait marcher debout; il fallait qu'elle cédât à tous ses caprices.

Ces singes se vendent de 100 à 150 francs aux Européens; mais il est très difficile de les conserver. Ils meurent presque toujours avant d'arriver en France.

Je ne puis rien dire du fleuve ni des villages au-dessus de Bel-Air, n'ayant jamais dépassé cet endroit dans mes voyages des Rivières du Sud.

Le Rio-Nunez exporte le café, les cuirs, l'or, l'ivoire, le riz, les arachides, l'indigo, la cire, le caoutchouc et l'huile de palme. Il importe les étoffes, les cotonnades, la poudre, les armes, les verroteries et le sel.

Le sel se débite beaucoup dans cette région. Les habitants du Fouta-Djallon qui viennent jusqu'à Boké en grandes caravanes, s'en servent pour donner à leurs bestiaux et pour préparer les cuirs. C'est également un luxe pour eux d'en mettre dans leurs aliments.

Les habitants du Rio-Nunez sont pour la plupart musulmans, mais on compte aussi parmi eux beaucoup de fétichistes dans le genre de ceux de Bisagos.

RIO-PONGO

CHAPITRE XIV

Le *Rio-Pongo* arrose le pays des *Sousous* et des *Bagas*, et se jette dans la mer à 25 milles du cap Verga par plusieurs embouchures. Non loin de l'entrée principale se trouve l'établissement français de *Boffa*, occupé par une petite garnison, et qui est en même temps un poste de douane et la résidence d'un administrateur.

A Boffa existe une école de garçons dirigée par des missionnaires français de Sierra-Leone et subventionnée par le conseil général du Sénégal. Cette mission est réellement bien administrée, et les pères qui la dirigent sont dignes de l'intérêt que le gouvernement du Sénégal leur porte depuis quelques années. Il est à regretter qu'il n'y ait pas aussi une école de filles.

Tous les indigènes du Rio-Pongo parlent anglais, bien que ce pays soit exclusivement français. Ce n'est que depuis l'établissement de la mission catholique qu'on commence à parler un peu français.

Les filles dont les parents possèdent quelque aisance sont envoyées à l'école de Sierra-Leone, chez les sœurs de la mission catholique. Ces dames, bien qu'étant Françaises, sont obligées d'enseigner en anglais, de sorte que, lorsque les jeunes filles viennent au Rio-Pongo, elles ont un peu d'instruction, mais ne parlent pas un mot de français. Il en est de même à Conakry et en Mellacorée. Il faudrait donc, à mon avis, établir des écoles dans les Rivières du Sud.

Les Sousous sont des hommes bien constitués et très intelligents; ils sont un peu paresseux; mais, si l'on voulait se donner la peine de leur cultiver l'esprit, on arriverait à les tirer facilement de leur indolence.

L'année dernière j'ai emmené avec moi un de ces petits auvages et je l'ai mis à l'école des frères de Saint-Nazaire. En un an, il a appris à parler le français et commence à le lire. Jack est aujourd'hui un *petit monsieur* qui ne mange plus

avec ses doigts : il sait se servir d'une four-
chette. Quand je lui parle de le faire retourner
au Rio-Pongo, pêcher sa nourriture, comme
autrefois, sur le bord du fleuve, il se met à pleurer et demande à ce qu'on ne le renvoie plus là-
bas.

On voit des milliers d'enfants, garçons et
filles, aller chercher leur nourriture sur les
bords du fleuve ou dans les champs, sous les
manguiers. Ils cueillent les mangues dans l'arbre
sans seulement attendre qu'elles soient à moitié
venues. On se demande comment ils font pour
vivre dans ce pays. Personne ne travaille ; le
terrain ne manque cependant pas et la végétation
est admirable. Le café pousse partout à l'état
sauvage. Que de belles plantations on pourrait
y faire !

Le commerce est généralement fait par les
Anglais, qui possèdent plusieurs factoreries importantes. Une grande partie des denrées passent
par Sierra-Leone, pour aller sur le marché de
Liverpool. La Compagnie française de la côte occidentale d'Afrique, de Marseille, y possède une
factorerie.

Sont exportés du Rio-Pongo : le café, les
cuirs, l'or, l'ivoire, le caoutchouc, l'huile de

palme, les colas et les peaux de singes noirs à queue blanche. Il paraît que, dans le haut du fleuve, on rencontre cette sorte de singes en grande quantité, ainsi que des caïmans de grosse dimension, dont on exporte également les peaux.

Des nattes tressées, des petits travaux de cordonnerie et des fourreaux de sabre forgés par les indigènes, constituent l'industrie du pays.

En échange des exportations, on y introduit des étoffes, des tissus de cotonnade, de la verroterie, des boules d'ambre, du sel et de l'eau-de-vie de traite, qui vient d'Allemagne.

On n'y trouve absolument aucune denrée, pas même une poule. On peut cependant avoir des huîtres à la condition d'aller les chercher soi-même, car c'est trop de travail pour les indigènes que d'aller les pêcher.

Dans la saison, on trouve des oranges et quelques mangots à la mission.

En résumé, le Rio-Pongo est ce que l'on peut appeler un beau pays où il n'y aurait qu'à semer pour récolter.

Quelle différence avec le Sénégal !

CONAKRY

CHAPITRE XV

Conakry est construit sur la presqu'île de Tumbo, dont la pointe, qui porte le même nom, est la partie du continent la plus voisine des îles de Los. Il est situé par 9°30' de latitude Nord et 16°05'20" de longitude Ouest.

Il y a quelques années, Conakry était un pays presque inconnu. C'est à peine si quelques explorateurs avaient osé s'aventurer dans cette contrée sauvage. Le sol était complètement inculte. le pays à peine peuplé.

Le voyageur qui, après avoir vu Conakry il y a environ huit ans, y retournerait aujourd'hui serait étrangement surpris de la transformation qui s'y est opérée depuis cette époque.

Un représentant de la France, M. Jean Bayol, gouverneur des Rivières du Sud, homme aussi dévoué qu'intelligent, a su parvenir, grâce à un travail infatigable, à faire de Conakry une petite ville aujourd'hui florissante et prospère.

Par sa situation particulièrement remarquable et sa belle végétation, ce petit endroit est désormais appelé à devenir une grande ville. Ce point de la côte ouvre, en effet, les routes du Fouta-Djallon, et c'est par là qu'on pénétrera à l'avenir dans le Soudan français.

C'est à Conakry, siège de la nouvelle colonie, que le Gouvernement vient de construire le palais du lieutenant gouverneur des Rivières du Sud.

Cette petite ville doit aussi beaucoup à M. Guichard, capitaine d'infanterie de marine, qui a tracé les routes et les chemins que l'on voit aujourd'hui là où il n'y avait autrefois que des broussailles.

Il n'y a pas d'école à Conakry, et, malheureusement, tous les Sousous y parlent anglais.

Après les troubles de 1888, un grand nombre d'indigènes avaient émigré ; ils commencent aujourd'hui à revenir.

Il y a des panthères à Conakry ; il en a été tué une dans la galerie de la factorerie allemande.

Le commerce y a pris une grande extension, et ses produits se vendent aujourd'hui sur nos grands marchés d'Europe. L'huile et l'amande de palme, la gomme copale, les colas, l'indigo, le riz maïs, la sésame, s'y récoltent en grande quantité. On y trouve également l'or et l'ivoire. L'exportation en est active, grâce à la facilité qu'ont les navires d'un fort tonnage de pouvoir venir prendre chargement à Conakry même.

Une factorerie française existe depuis long-temps à Conakry; son commerce, autrefois très médiocre, est maintenant en pleine prospérité. Une grande factorerie allemande y est installée depuis quelques années, et de nombreux négo-ciants français viennent augmenter, de jour en jour, son importance commerciale.

Les habitants de la contrée portent le nom de Sousous. Cette race n'est pas noire; son teint se rapproche beaucoup de la couleur cuivrée.

On y trouve de fort beaux types, tant parmi les hommes que parmi les femmes. Ces dernières surtout sont parfois très jolies et admirablement faites. Leurs cheveux, frisés et fins comme de la soie retombent en petites nattes tout autour de la tête, en dessinant pour ainsi dire une couronne tressée. Leurs épaules sont nues. Comme vêtement, elles portent un pagne assez long. Elles fixent ce pagne au-dessus des seins en se serrant fortement la poitrine, de telle sorte que les belles formes moulées qu'elles devraient être heureuses de montrer disparaissent écrasées sous ce manteau protecteur.

BRAMAYAH

CHAPITRE XVI

BRAMAYAH

La rivière Bramayah arrose un petit pays qui porte son nom; elle prend sa source, dit-on, à Timbo et se jette dans la baie de *Samgorecah*.

Il n'y a aucune industrie à Bramayah; l'indigène ne travaille pas. Ses produits passent presque tous par Conakry. La traite s'y fait avec des tissus de coton, des pagnes fabriqués en France, des madras de coton, de la verroterie, des boules d'ambre, de l'eau-de-vie de traite qui vient d'Allemagne et du tabac en feuilles.

DUBRÉKA

CHAPITRE XVII

Dubréka est situé par 9° 45′ de latitude Nord et 25° 50′ de longitude Ouest sur la rivière du même nom. Cette rivière se jette, comme la Bramayah, dans la baie de Samgorecah, à 25 milles environ de la presqu'île de Tumbo. Ses sites sont ravissants.

Le poste, occupé par vingt-cinq hommes, sous les ordres d'un sous-lieutenant, est bâti sur la rive gauche, sur le mont Kakulimah.

De même que Conakry, la Dubréka doit a l'intelligente activité de M. le gouverneur Bayol le développement considérable qu'elle a acquis depuis quelques années. Son commerce est le même que celui de Bramayah.

MELLACORÉE

CHAPITRE XVIII

MELLACORÉE

La rivière de Mellacorée, qui arrose le pays des Sousous et celui des Mandingues, se jette dans la mer à 35 milles de Free-Town.

Les populations de la Mellacorée et de ses tributaires se sont toutes placées volontairement sous la suzeraineté de la France.

Deux princes de la Mellacorée ont visité l'Exposition de 1889 ; c'étaient sans contredit les plus beaux types de noirs que Paris ait vus à cette époque.

Les principaux habitants du pays sont les Sousous, dont j'ai déjà parlé.

En Mellacorée, les Sousous paraissent moins paresseux qu'au Rio-Pongo ; c'est sans doute par suite de leur proximité de Sierra-Leone, avec laquelle ils ont des relations continuelles.

Bien que française, la Mellacorée écoule plus de produits anglais que de produits français, car toutes les marchandises ou en partie viennent de Sierra-Leone. Il n'y a que depuis la fondation de Conakry que la Compagnie française y fait passer ses marchandises.

Les Mandingues de la Mellacorée n'ont d'autre religion que celle de l'or. Ils sont très hospitaliers vis-à-vis des autres noirs, mais ils n'aiment pas beaucoup voir les Européens chez eux.

Les Timénès, qui habitent également ce pays, sont des fétichistes enragés qui vivent dans la plus grande pauvreté par suite de leur paresse. En 1886 et 1887, j'ai transporté à Saint-Louis bon nombre d'entre eux qui s'étaient engagés dans les tirailleurs sénégalais. Quand ils venaient s'engager à Benty, ils étaient à moitié morts de faim; le commandant de cercle avait peine à les rassasier. On leur donnait un vêtement de coton bleu, car ils étaient complètement nus lorsqu'ils arrivaient dans le cercle, puis on les embarquait sur le *Dakar*.

J'ai vu de ces gens manger une peau de bœuf, on a peine à le croire, et cependant c'est la réalité. Ils sont aussi carnassiers que les Dhiolas, qui mangent le chien tout cru. Aussi le maître-coq se défiait-il quand nous avions des engagés de Benty à bord.

Ils habitent la basse Mellacorée et sont au service des Sousous, qui les emploient pour faire la culture (leur travail n'est guère productif) et nager dans les pirogues.

En s'approchant de Sierra-Leone, on trouve de tres grandes pirogues à trois mâts qui naviguent sur toute la côte. On en construit à Benty. Elles sont faites avec des membrures et des bordages; j'en ai vu qui pouvaient prendre jusqu'à 10 tonnes de marchandises. Quánd il fait calme, les côtés de ces pirogues se garnissent d'avirons maniés par les bras vigoureux des Timénès. C'est au bruit d'un tam-tam et de voix qui s'élèvent dans le silence de la nuit, au son d'un chant d'un rythme monotone affectionné par les nègres, que ces rames plongent én cadence dans les flots d'azur de ces beaux pays de la zone torride.

Oh ! les belles nuits de la Mellacorée ! Comme ce tam-tam et ces chants lointains sont doux aux oreilles d'un Européen ! Combien de fois ai-je été surpris au milieu de ces nuits, appuyé sur les bastingages, les yeux fixés vers l'infini laissant errer ma pensée en contemplant l'immense océan. Combien de fois, durant ces beaux soirs, ai-je pensé à un nom que je me répétais tout bas et que la nuit seule pouvait entendre. Les yeux ouverts aux étoiles, j'aspirais avec plaisir les douces odeurs marines apportées par les brises de la nuit et qui me semblaient venir de la France.

La Mellacorée exporte à peu près les mêmes produits que le Rio-Pongo, c'est-à-dire l'huile et l'amande de palme, la gomme copal, l'or, l'ivoire, le riz, la sésame, les colas, etc.

Il n'y a pas d'école en Mellacorée; les garçons et les filles font leur instruction à Sierra-Leone, où ils n'apprennent que l'anglais, au grand détriment de notre commerce.

BENTY

CHAPITRE XIX

BENTY

Le village de Benty est caché dans la verdure comme un nid dans la mousse. Il est situé sur la rive gauche de la Mellacorée, à peu de distance de l'embouchure.

Ses cases sont admirablement construites, en forme de carrés aux toits coniques, et d'une élégance étonnante; elles ne manquent pas de propreté. Chaque maison possède sa véranda, où l'insouciant Sousou se balance pendant toute la journée dans son hamac.

Le poste, entouré de douves et muni d'un pont-levis, est occupé par une garnison française qui a un détachement en face, sur la rive droite, dans l'île de Cakoutlayé. A l'extérieur se trouve un charmant jardin où l'on peut cueillir tous les fruits des tropiques. Des bancs de fer d'une extrême propreté en garnissent les allées parfaitement entretenues. Un autre jardin potager existe aussi dans le voisinage.

Un poste de douanes assure la perception des droits à la sortie des navires, sur toutes les denrées, sans distinction de pavillon. La direction de la douane, bâtie à 300 mètres du poste reçoit la brise de la mer pendant la bonne saison.

Comme provisions on trouvera à Benty des poules, des canards, des œufs, des fruits, des patates douces, des ignames, etc.

Le bœuf coûte 30 francs. Il y a une assez grande quantité d'huîtres, mais le poisson est rare.

SIERRA-LEONE

CHAPITRE XX

SIERRA-LEONE

Sierra-Leone, dont le chef-lieu est Free-Town (ville libre), est la première colonie anglaise où les noirs déportés aient été appelés à jouir de la liberté.

Admirablement percée, la ville est bâtie au pied d'une montagne. Ses rues sont larges, bien aérées, parfaitement alignées et bien tenues. Les maisons sont à étages, bâties en pierres avec galeries ; la charpente en bois monte jusqu'au premier étage et l'entoure de tous côtés en s'appuyant sur des piliers en bois ou en fer. Presque chaque maison a son jardin et le confortable qu'on y trouve rappelle les villas des environs de Nice.

Les maisons des indigènes sont faites en bois et en pierres, et ordinairement couvertes de feuilles-de palmiers; elles sont presque toutes situées dans les faubourgs.

PRINCIPAUX MONUMENTS

L'hôtel du gouverneur est bâti au milieu d'un magnifique jardin qui domine la ville et qui offre aux promeneurs des allées plantées d'arbres séculaires, où ils peuvent respirer librement la fraîcheur de la brise du soir.

Les casernes ou barraques viennent d'être reconstruites; elles ont deux étages avec galeries tout autour. Elles sont également bâties sur les hauteurs qui dominent la ville.

ÉCOLES

Ecoles pour les garçons (gouvernement): Collège de Clins-Town.

Gramaire School.

Westlin gramaire School.

Mission catholique (missionnaires français).

Écoles de filles.

Mission catholique (sœurs françaises).
Fiemel institution School.
Westlen Fiemel institution School.

(Gouvernement).

Mission Fiemel School.
Church mission School.
Il y a encore quelques autres écoles de moin-
dre importance.

ÉGLISES

Eglise catholique (missionnaires français).
Cathedral church.
Pardam road church.
Trinity church Rissy road.
Westlen mesion church.
The church of England.
Healot cathedral church.
Zayion church.
Ziberolter church.
Bibties church.
Eibenizen church.
Cline town church.

MARCHÉS

Sur la droite du wharf du Goúvernement, au bout de Weter-Street, se trouve un grand marché couvert où l'on peut se procurer toutes les provisions, fruits, légumes, etc... Un autre marché couvert, qui est plutôt une boucherie, se trouve à Little-East-Street.

A Kissy road existe aussi un immense marché. C'est une rue très large et d'un kilomètre de long ; il s'y fait chaque jour beaucoup d'affaires. Le samedi, Kissy road Market devient une véritable halle, où des milliers de personnes se heurtent les unes aux autres : l'un porte une calbasse sur sa tête, l'autre un immense panier de fruits. Ce jour-là, le marché ne ferme qu'à dix heures du soir. Il s'y vend de la viande, du poisson, des fruits, des légumes, du pain, des tissus, de la verroterie, des articles de Paris, etc. La police met ordre aux conflits qui ne manquent pas de se produire chaque jour.

POSTES ET TÉLÉGRAPHES

La poste est admirablement faite à Sierra-Leone; chaque jour, plusieurs courriers passent sur rade.

Le câble sous-marin relie cette ville à l'Europe.

COMMERCE ET INDUSTRIE

Le commerce de Sierra-Leone est très important. Chaque jour, de grands vapeurs chargent les produits que le pays exporte sur les marchés anglais. Les principaux sont : l'huile et l'amande de palme, le caoutchouc, l'ivoire, l'or, la ciré, l'amidon, le riz, la sésame, les arachides, les colas, le gingembre, le coco, etc.

En importation : les tissus de coton de toutes nuances, les madras de coton, les foulards de soie, la verroterie, la quincaillerie, la vaisselle, etc.

Toutes les professions existent dans cette ville. On y trouve des forgerons, des horlogers, des tailleurs, des tonneliers, des charpentiers, des bijoutiers, des cordonniers, etc. Parmi les femmes, des couturières, des lingères, des modistes, etc. J'ai vu des femmes qui travaillaient très bien et avaient une forte clientèle. On y fait des parapluies et des ombrelles, dont la confection ne laisse rien à désirer.

MOEURS

Outre l'Européen et les familles du pays nées d'Européens, formant le noyau de la société, on trouve à Sierra-Leone un grand nombre de familles de noirs qui jouissent d'une aisance extraordinaire; plusieurs d'entre elles sont millionnaires. Elles font élever leurs enfants en Europe; ceux-ci font plus tard des avocats, des médecins, etc. Parmi les jeunes filles, on rencontre d'excellentes musiciennes et des *young ladies* vraiment charmantes sons tous les rapports. J'ai eu plusieurs fois l'occasion d'assister à quelques soirées données dans ces familles et je fus très surpris au début de voir, dans les salons de Sierra-Leone, des dames noires ayant une aussi bonne tournure.

La population de Sierra-Leone est, avant tout,

une population commerçante. On ne sait pas ce que c'est que l'oisiveté dans cette ville : tout le monde travaille, hommes et femmes.

Le sentiment de la famille y est très grand et les mœurs très patriarcales.

Le dimanche, le père et la mère, tenant leurs enfants par la main, s'en vont faire une promenade à la campagne et manger des galettes à l'ombre d'un arbre.

Tout le monde sans exception parle anglais à Sierra-Leone. On oblige les parents à envoyer leurs enfants à l'école et on ne leur enseigne pas d'autre langue que la langue anglaise; il leur est même absolument défendu d'en parler une autre.

Ce n'est plus comme à Saint-Louis, où nous pouvons à peine nous faire comprendre des noirs qui ne veulent pas apprendre d'autre langue que le yolof.

Les noirs de Sierra-Leone sont aussi plus polis et plus soumis que ceux de Saint-Louis. Ils ont presque tous une certaine instruction. Sur cent pris au hasard, dans n'importe quelle classe, soixante-dix savent écrire. Au Sénégal, la proportion n'est que de 3 %.

POPULATION

La ville de Free-Town proprement dite compte environ 5,000 habitants. Si l'on ajoute à ce nombre la population des faubourgs et des villages qui l'entourent dans un rayon d'une dizaine de milles, on atteint le chiffre de 50,000 habitants.

La garnison se compose de deux cents soldats noirs, trois officiers européens et quelques sergents instructeurs. La police est enrégimentée, mais ne fait pas partie de la garnison. Deux batteries viennent d'être établies, l'une, appelée batterie d'Oe, l'autre sur la pointe de King-Town. Toutes deux sont ornées de canons de 24 centimètres, nouveau modèle.

Le Gouvernement a presque toujours à sa disposition un millier de *kroumans*, provenant de la côte de Krou pour exécuter les travaux de la ville, les fortifications, etc. Les prisonniers sont employés à faire des chemins et à entretenir les grandes voies de communication.

Sierra-Leone forme une grande quantité de matelots excellents, qui sont de la plus grande utilité pour les travaux de force à bord des navires, sur les quais et dans les embarcations.

VILLAGES ENVIRONNANTS

Il y a cinq ou six grands villages aux environs de Free-Town, peuplés par des noirs commerçants.

Le principal est le village de Waterloo, près de la ville. Sa population est, dit-on, de 12,000 habitants. On y trouve différentes races, telles que celles des Acous, des Hots, des Jesey, des Mandingans, des Mindès, etc.

Les cases de ces villages sont carrées ou rectangulaires, construites en pierres ferrugineuses et en bois. Elles sont parfaitement alignées et forment de belles rues, très propres et bien tenues.

Chaque village est administré par un agent anglais et possède un tribunal, sa police et ses écoles. Ils communiquent avec la ville par de belles routes qui ont quelquefois 2 et 3 lieues de longueur sur 10 mètres de large. On trouve des ponts superbes et des canaux pour l'écoulement des eaux.

Presque tout le commerce de Sierra-Leone se fait par ces villages situés dans les environs de Free-Town.

IIE PARTIE

CONSEILS TECHNIQUES AUX NAVIGATEURS

—

LA NAVIGATION SUR LA CÔTE

LES PASSES ET LES ÉCUEILS

OBSERVATIONS ET AVIS PRATIQUES

USAGES LOCAUX

BARRE DE SAINT-LOUIS

NAVIGATION DU FLEUVE SÉNÉGAL

CHAPITRE PREMIER

BARRE DE SAINT-LOUIS — NAVIGATION
DU FLEUVE SÉNÉGAL

Quand un navire arrive du Nord, il doit passer sur la rade de Guet-N'Dar, afin de donner son numéro en passant devant le Gouvernement.

S'il mouille sur rade, il ne doit le faire que par des fonds de 15 mètres au moins, et dans le nord de l'allée des Cocotiers.

S'il se dispose à rentrer et que, descendant vers la barre, il soit obligé de mouiller, il doit le faire un peu dans le nord de l'entrée, surtout si c'est un voilier.

Un pavillon bleu sur le poste des pilotes indique que la barre est mauvaise et qu'on ne doit pas tenter de rentrer ; un pavillon rouge et blanc indique, au contraire, que la barre est belle.

Dès qu'on voit la pirogue venir faire les sondages et baliser la barre, il faut prendre les dispositions nécessaires pour rentrer. Quand la barre est balisée, l'une des pirogues s'approche du bâtiment et un pilote monte à bord.

Les capitaines ne doivent jamais accuser un faux tirant d'eau, et ils doivent avoir soin de se conformer aux indications du pilote.

Une fois dans le fleuve, les navires montent à Saint-Louis, qui est éloigné de la barre d'environ 10 milles. Ils prennent place au quai, soit en amont, soit en aval du pont, suivant la nature de leur chargement et la demande de leur consignataire. Ils doivent mouiller l'ancre du bossoir par tribord devant; il est prudent d'en mouiller une autre à jet derrière, surtout dans la saison des tornades.

Les navires de l'État attachés à la station mouillent ordinairement en amont du pont, au milieu du fleuve.

La tenue est bonne sur la rade de Saint-Louis; aussi, dans les tornades, ne doit-on pas filer plus de chaîne qu'il n'en faut.

Dans la saison sèche, le fleuve est navigable

jusqu'à Podor, excepté sur les barrages. Le fond varie entre 5 et 10 mètres. Sur le banc de l'extrémité Est de l'île de Tode, on ne trouve que 3 mètres. La navigation est facile : on ne rencontre pas de mauvais coudes.

Au-dessus de Podor, la largeur du fleuve diminue considérablement. Des coudes brusques obligent les marins à mouiller et à élonger des amures ; les remous de courant créent des difficultés dans les manœuvres. On est souvent obligé de pousser la berge avec des perches pour arriver à se tirer d'affaire.

Les bancs de roches que l'on rencontre çà et là, peuvent être franchis en toute sécurité pendant le jour.

En réalité, le fleuve n'offre aucun danger sérieux. Il faut seulement se méfier de l'échouage pendant la décroissance des eaux.

Les premiers voyages dans le haut fleuve, en juillet, sont difficiles à cause des courants qui sont très violents.

On peut naviguer la nuit dans le fleuve lorsqu'il fait clair de lune. On aura toujours à voyager la nuit, car, sans cela, le voyage serait trop long pour les Européens.

Il n'existe pas de carte hydrographique du

fleuve. Nous n'avons à ce sujet, que les renseignements donnés par M. Dorlodot des Essarts, alors lieutenant de vaisseau.

CAPITAINES DE RIVIÈRES

Les navires, quelle que soit leur dimension, ne naviguent pas dans le fleuve sans pilote. La marine a les siens, qu'elle forme elle-même; ils ont le grade de sergent ou de sergent-major.

On en trouve de très bons dans le commerce, et auxquels on peut se fier. Toutefois, il ne faut avoir en eux qu'une confiance limitée pour toutes les opérations et manœuvres de navigation proprement dites, telles que mouillages, appareillages, échouages, etc. Ce ne sont pas en effet, des marins; ils ne sont bons qu'à vous guider dans les rivières.

Ils ne se rendent pas compte des distances, pas plus que du temps. Ainsi, demandez à un pilote à quelle distance vous êtes de tel endroit; il vous répondra que vous êtes sur le point d'y arriver, alors que vous en êtes encore à 10 milles; ou bien il vous dira qu'il vous faut deux ou trois heures pour vous rendre à tel endroit, et quarante ou cinquante minutes après vous y arrivez.

Malgré tout le zèle et toute la bonne volonté de ces braves gens, le capitaine d'un navire se rendant dans le haut fleuve doit se tenir sur ses gardes, surtout quand il marche de nuit.

MARÉES ET COURANTS

DANS LE FLEUVE

A 225 milles dans le fleuve la marée se fait sentir du mois de janvier au mois de juin. La durée du flot n'est que de quatre à cinq heures, sans courant sensible. Le jusant dure, au contraire, sept ou huit heures; mais ce courant est très faible, même dans les environs de Podor.

La limite de la marée est refoulée vers la mer à mesure que la crue augmente. Il arrive un moment où les navires n'évitent plus à Saint-Louis; mais, pendant la marée de flot le courant est moins violént, ce qui produit un gonflement très sensible.

La mer ne marne que de $1^m,20$ à Saint-Louis, $0^m,50$ à Dagana, $0^m,30$ à Podor et $0^m,25$ à Mafou.

Il y a tout intérêt à partir de Saint-Louis avec le flot, afin d'en profiter le plus longtemps possible.

VENTS RÉGNANT A SAINT-LOUIS

Du mois de décembre au mois de mai, les vents d'Est soufflent presque tous les jours à Saint-Louis. Lorsque la brise du Nord se lève avec le jour on s'en aperçoit beaucoup moins et la température n'est pas aussi chaude que lorsqu'ils persistent pendant une partie de la journée.

Quand une série de vent d'Est se prépare, il souffle le premier jour jusqu'à sept heures du matin; le lendemain jusqu'à huit heures et demie. Chaque jour il se fait ainsi sentir pendant une heure et demie de plus que la veille et arrive à souffler toute la journée jusqu'à cinq heures. Ces journées sont terribles pour les Européens; j'ai vu, à bord du *Dakar*, le thermomètre monter à plus de 48° à l'ombre, sous les tentes. Lorsqu'on sent ce vent arriver, il faut, dès le matin, fermer tous les sabords et se tenir en bas, car tout ce qui est fouetté par ce vent d'Est, même à l'ombre, devient brûlant.

Les vieux Sénégalais m'ont toujours dit que ce vent desséchant était très sain. A la fin de la ournée, on se sent extrêmement fatigué; on croit avoir la fièvre, mais ce n'est que de la lassitude. Tel est, du moins, l'effet qu'il m'a produit.

Vers le mois de mars, les brises du nord sont mieux établies. Il vente quelquefois bonne brise; ce n'est que vers quatre heures du soir qu'elle tombe un peu.

Au commencement de l'hivernage, les vents les plus habituels sont les vents d'Ouest. A la fin de l'hivernage, vers les mois de septembre et octobre, il y a encore quelques brises de Sud-Ouest, mais les calmes dominent. Cette saison est extrêmement pénible à traverser.

Je ne parle pas ici des tornades à Saint-Louis; j'en parlerai à Gorée : ce sont les mêmes phénomènes.

VENTS ET TEMPÉRATURE DU FLEUVE

La navigation dans le fleuve se fait à la vapeur. La direction des vents, difficile d'ailleurs à établir, ne servirait donc pas beaucoup. Ce qu'il importe de savoir, c'est que l'endroit le plus chaud, avec l'Harmathan, c'est Podor.

Le vent n'est jamais frais dans le fleuve, qui, dans l'hivernage, est très variable.

Dès qu'il y a une tornade en vue, il faut avoir soin de mouiller si l'on ne veut pas être collé sur la berge opposée.

Distance de Saint-Louis aux principales escales :

De Saint-Louis à Richard-Toll......	78 milles.	
— à Dagana..........	90	—'
— à Podor............	141	—
— à Saldé............	249	—
— à Matam...........	325	—
— à Bakel...........	413	—
— à Médine..........	492	—

RADE DE DAKAR

CHAPITRE II

RADE DE DAKAR

Les navires qui arrivent sur rade de Dakar ne doivent pas mouiller dans l'Est de la grande jetée. Il ne faut pas non plus mouiller à plus de 200 mètres dans l'Ouest de la bouée des paquebots des Messageries, à partir du 1er juillet jusqu'au 1er octobre. En voici la raison :

A cette époque, les tornades sont tellement violentes que, dès qu'on en sent les premières fraîcheurs, il est de toute nécessité de mouiller deux ancres si on ne l'a déjà fait. Quelquefois, les ancres ne tiennent pas; on est forcé d'aller au plein du fond de la baie. Lorsque la tornade est passée, les navires ne sortent pas toujours de cet endroit sans avaries. J'en ai vu venir au plein à Dakar qui avaient chassé dans la tornade de la rade de Gorée.

Les premières tornades viennent du Sud-Est. A la fin de la saison, c'est-à-dire vers la fin de septembre ou les premiers jours d'octobre, elles viennent en plein de l'Est.

Les marins qui ont habité longtemps ces parages ne se trompent pas aux signes de la tornade; ils la reconnaissent de suite. Ceux qui ne connaissent pas la côte d'Afrique se laissent facilement surprendre par elle.

Les petites tornades ne s'annoncent ordinairement pas : elles tombent sur vous à l'improviste et éclatent en un rien de temps. On les reconnaît à l'aspect grisâtre que présente le fond du ciel dans l'Est et l'Est-Sud; il fait à ce moment un calme plat. Bientôt les nuages s'accumulent en dessinant un grand arc noir, qui avance avec une rapidité vertigineuse. A peine avez-vous ressenti les premières petites brises que déjà le gros de la tornade est sur vous.

Les tornades les plus terribles, celles qui soufflent pendant une heure et demie et quelquefois deux heures, ne surviennent jamais comme celles que je viens de décrire. Elles sont annoncées longtemps à l'avance par une foule de signes. Tout d'abord, dans le courant de la journée, se font sentir de folles brises, variables du Sud au Nord-Ouest par l'Est, avec de gros nuages au zénith et de grands traits noirs à l'horizon. Le soir, vous n'avez pas un souffle d'air, toujours de gros nuages au zénith et à l'horizon, sillonnés d'éclairs en tous sens. Le tonnerre commence à gronder dans le lointain. Quelquefois, pendant une partie de la nuit, le temps paraît s'éclaircir dans l'Ouest. Le marin qui n'a pas l'habitude de ces parages se rassure tout de suite, pensant que ce n'est qu'un orage de peu de durée; mais celui qui connaît le pays ne se laisse pas tromper par cette apparence et reconnaît, au contraire, tous les symptômes de la tornade qui menace depuis longtemps.

En effet, dans l'Est, le temps est complètement noir; plus d'éclairs, plus de tonnerre, mais une petite brise de l'Est à l'Est-Sud-Est se fait sentir et le vent se met à souffler tout à coup avec fureur pendant près d'un quart d'heure. Les éclairs et la foudre recommencent alors, accompagnés d'une pluie diluvienne; c'est à ce moment que l'arc, qui apparaît si vite dans les petites tornades, commence à se dessiner dans l'Est.

Quand la grosse pluie de la tornade commence à tomber, le vent diminue d'intensité,

Quelquefois, après la tornade, le vent saute tout d'un coup à l'Ouest, et il vente alors autant de ce côté qu'il ventait quelques instants avant de l'Est.

Cette saute de vent est à craindre pour les navires qui accostent la grande jetée, étant donnés les blocs de pierres coulés pour les fondations. Ce phénomène ne se produit guère que dans les îles Bissagos.

DE DAKAR A SAINT-LOUIS

CHAPITRE III

(CARTE A EMPLOYER N⁰ 3385)

Il faut régler son départ de Dakar de manière à arriver devant la barre de Saint-Louis une heure ou une heure et demie avant la pleine mer, moment le plus favorable pour entrer. Si l'on n'a pu se procurer le tableau imprimé donnant l'heure des marées de la barre de Gandiole ou du Sénégal, il faut retrancher sept heures environ de l'heure de la pleine mer de Brest pour avoir l'heure de la barre.

Quand il fait jour, on peut passer à 300 ou 400 mètres du cap Manuel.

Si l'on veut passer entre la terre et les îles Madeleine, il faut, aussitôt après avoir doublé le cap Manuel, gouverner sur les îles, en les tenant *ouvert* d'un quart par babord. A mi-chemin entre les îles et le cap, il faut les ouvrir de trois quarts par bâbord. On passera plus près des îles que de la terre : on ne trouvera pas moins de 7 mètres d'eau. J'ai vu quelquefois, dans de forts raz de marée, la mer brisée entre les deux.

Au large des îles, après avoir passé le cap Manuel, on fait 3 milles à l'ouest et on vient passer à 1 mille des îles Madeleine, en les laissant par tribord. Après les avoir dépassées, on fait le Nord 45° Ouest du monde, jusqu'à ce que l'on soit dans l'Ouest du monde des Almadies.

La pointe des Almadies, qui est la plus à l'ouest, est une tête de rocher qui émerge du banc de roches sous-marines.

S'il fait nuit ou si le temps est brumeux, et que, par suite, il soit difficile de voir la terre ou les feux, on prend comme point de départ le cap Manuel; on fait 3 milles à l'Ouest du monde et 8 milles au Nord-Ouest; on a ainsi les Almadies dans l'Est du monde. Il faut encore laisser courir un peu, 1 mille ou 2. De ce point, on fera alors 90 milles au Nord 45° Est du monde.

Je ne prends jamais ma route avant d'avoir les feux des Almadies et du cap Vert dans l'alignement l'un de l'autre. Cet alignement donne le Sud 48ᵉ Est du monde, ce qui peut servir pour rectifier la variation au changement de route sur la barre.

Les courants sont généralement assez forts près des Almadies.

Je ferai remarquer ici, comme l'indique le commandant Coffinières de Nordeck, dans ses renseignements sur la côte, que les feux des Almadies et du Cap vert ne donnent rien de bien certain sur la position du navire qui double le récif. Il serait à souhaiter que l'on mît un feu sur cette belle roche, qui n'est jamais recouverte par l'eau, quel que soit le temps.

La mer est presque toujours dure aux Almadies ; ceux qui ont fait cette traversée sur le *Dakar* le savent bien. En faisant une dizaine de milles au nord, la mer devient plus belle, mais la brise est presque toujours fraîche du mois de janvier au mois de mai. Ces traversées sont extrêmement dures en février et mars.

Quand on aura fait 75 à 80 milles, il est possible que l'on aperçoive la terre par tribord, si les courants de la baie d'Yolof vous ont porté de ce côté. Cette terre est extrêmement uniforme ; elle est très basse et sans point de repair. Seules

les buttes de Dhiakmat peuvent vous aider à vous reconnaître. Ces buttes sont à 25 milles de Gandiole, mais on les aperçoit encore de la route que l'on suit à 10 milles de la barre. On les reconnaîtra à leur couleur rouge.

Avant d'arriver à Gandiole, on aperçoit deux petits monticules très peu apparents; un palmier se trouve entre les deux : ce sont les buttes de N'Taré. Quand on les aperçoit, il faut remonter au nord et l'on ne tardera pas à voir l'ancien poste de Mouit, qui se trouve un peu au sud de Gandiole.

On se tiendra à bonne distance des brisants, par des fonds de 12 à 15 mètres. En remontant toujours vers le nord, on apercevra bientôt l'entrée de la barre et, si l'on arrive à l'heure de la marée, on verra les pirogues. Si elles vous font voir un pavillon bleu mâté, vous pouvez vous en approcher; si au contraire, elles abattent ce pavillon de droite à gauche ou de gauche à droite, il faut s'écarter de la barre.

Quand la marée est à six ou sept heures du matin, j'arrive en rade de la barre à cinq heures, c'est-à-dire au point du jour. Voici comment je procède :

Une heure avant que mon point me donne

9o milles, c'est-à-dire après avoir fait 80 milles à l'aire de vent indiquée, je vais doucement; si je trouve plus de 20 mètres, je continue à aller doucement; si je trouve de 20 à 30 mètres, je mets en marche à 10 nœuds. Une demi-heure après je vais encore doucement : je suis presque certain de trouver de 15 à 18 mètres, sable vaseux. Quand j'arrive par des fonds de 12 mètres avec vase grise ou verdâtre, je stope et, s'il fait nuit, je mouille. Si l'on commence à voir les premières lueurs du jour, j'attends sans mouiller. Je ne vais jamais par des fonds de moins de 12 mètres.

Il m'est arrivé de quitter Dakar à cinq heures du soir, d'être rentré le lendemain matin à six heures et d'être à Saint-Louis à sept heures.

Les pilotes de la barre sont des hommes très sérieux et très capables; on peut s'en rapporter à eux.

Dans l'espace de sept ans, j'ai vu une dizaine de navires se perdre en franchissant la barre du Sénégal; c'est donc, comme on le voit, un danger sérieux. La mer y est quelquefois très grosse, surtout en février et mars, époque des raz-de-marée. Il y a cinq grosses lames qui se suivent sur la barre de Saint-Louis; la première est la plus forte. Quand la barre est mauvaise, cela dure ordinairement trois jours. En 1888 et 1889 il y a toujours eu sur la barre de 10 à 15 pieds d'eau ; les années précédentes, elle se maintenait entre 9 et 12 pieds.

Quand on voit de la brume le matin avec des vents d'Est, on est presque certain d'avoir mauvaise barre ; il ne faut donc pas croire que ce sont les vents d'Ouest qui donnent mauvaise barre. Pendant l'hivernage ce sont ces vents qui dominent, comme je l'ai déjà dit, et cependant la barre n'est presque jamais mauvaise.

Si la barre n'est pas mauvaise le jour où l'on a remarqué les vents d'Est et la petite brise, accompagnés de brume, on est presque certain de l'avoir mauvaise le lendemain.

D'ailleurs, il ne faut pas toujours trop se fier aux apparences ; la barre signalée belle le matin peut être mauvaise à midi, et *vice versa*.

RADE DE GORÉE

CHAPITRE IV

RADE DE GORÉE

La houle et les fortes brises soufflent généralement du Nord au Nord-Est sur la rade de Gorée, ce qui contribue beaucoup aux difficultés qu'éprouvent les embarcations pour accoster.

Dans la partie Ouest de l'île, à une distance de 200 et 300 mètres, s'étend une large barre de brisants.

Au Sud-Est, sur une longueur de 50 à 60 mètres, au pied de la citadelle, se trouvent des rochers. Ne passez jamais trop près de la partie Nord de l'île, même avec les embarcations.

Il y a mouillage partout dans la baie de Gorée; il faut cependant signaler deux endroits plus propices que les autres : l'un dans l'Est, l'autre dans le Nord ou Nord-Nord-Est des wharfs de débarcadère. Dans la saison des vents du nord, choisissez le premier, en raison de la facilité de communication des canots avec la terre, mais la tenue n'y est pas très bonne. De juin à novembre, prenez le mouillage au Nord-Nord-Est des wharfs, pour éviter la pointe nord de l'île, dans le cas où vous viendriez à chasser pendant une tornade, ce qui arrive assez fréquemment.

En octobre 1885, une douzaine de caboteurs jaugeant 50 à 150 tonnes, un vapeur de la Compagnie Werman et deux grands voiliers n'ont pas pu rester sur la rade. Les caboteurs se sont heurtés les uns contre les autres, brisant leurs beauprés et leurs mâts de flèche, et sont tous allés au plein à Dakar, ainsi qu'un brick italien. Le vapeur allemand a chassé entre Dakar et Gorée. Je puis donc, en toute connaissance de cause, avertir les capitaines de se tenir sur leurs gardes.

Du 15 novembre au 15 mai environ, le vent, sur la rade de Gorée, souffle en brise de Nord-Est assez régulière. Le vent fraîchit généralement au lever du soleil; il devient plus fort de onze heures à deux heures de l'après-midi, puis il mollit le soir. Vers avril et mai, le vent d'Est, règne ordinairement de huit heures du matin à trois heures de l'après-midi ; ces journées sont accablantes de chaleur.

Vers le 15 mai commence la saison des calmes et des folles brises. Les brises du Sud-Ouest soufflent avec force. Les tornades apparaissent comme à Dakar, et y ont le même caractère.

L'action des marées est très sensible à Gorée ; la mer marne au plus de $1^m,50$ aux Syzygies et de $0^m,60$ dans les mortes eaux.

Dans la baie, les courants subissent l'influence des marées. Ils se font sentir en contournant la baie de Dakar et rentrent à Gorée en descendant la côte du cap de Naze ; ils sortent par le canal formé par Gorée et la grande jetée de Dakar. D'un bout de l'année à l'autre, le courant de ce canal porte au Sud.

En janvier, février et quelquefois même en mars, il y a de la brume sur toute la côte. Il arrive qu'elle persiste toute la journée ; mais ordinairement elle se dissipe vers dix ou onze heures du matin.

Pendant les nuits de décembre à avril, la terre est enveloppée d'une couche atmosphérique qui empêche de voir les feux du cap Vert à 2 ou 3 milles de distance. Il faut donc naviguer avec prudence sur la côte, surtout pour l'atterrissage du cap Vert.

Dans les nuits sombres, le zénith est clair, l'horizon ne semble pas embrasé. Vous cherchez le feu des Mamelles et vous voyez un feu rouge : c'est celui des Almadies. Il n'est que temps de virer de bord, si vous n'êtes pas Est et Ouest de ce feu, car vous risquez fort de vous jeter sur les rochers des Almadies.

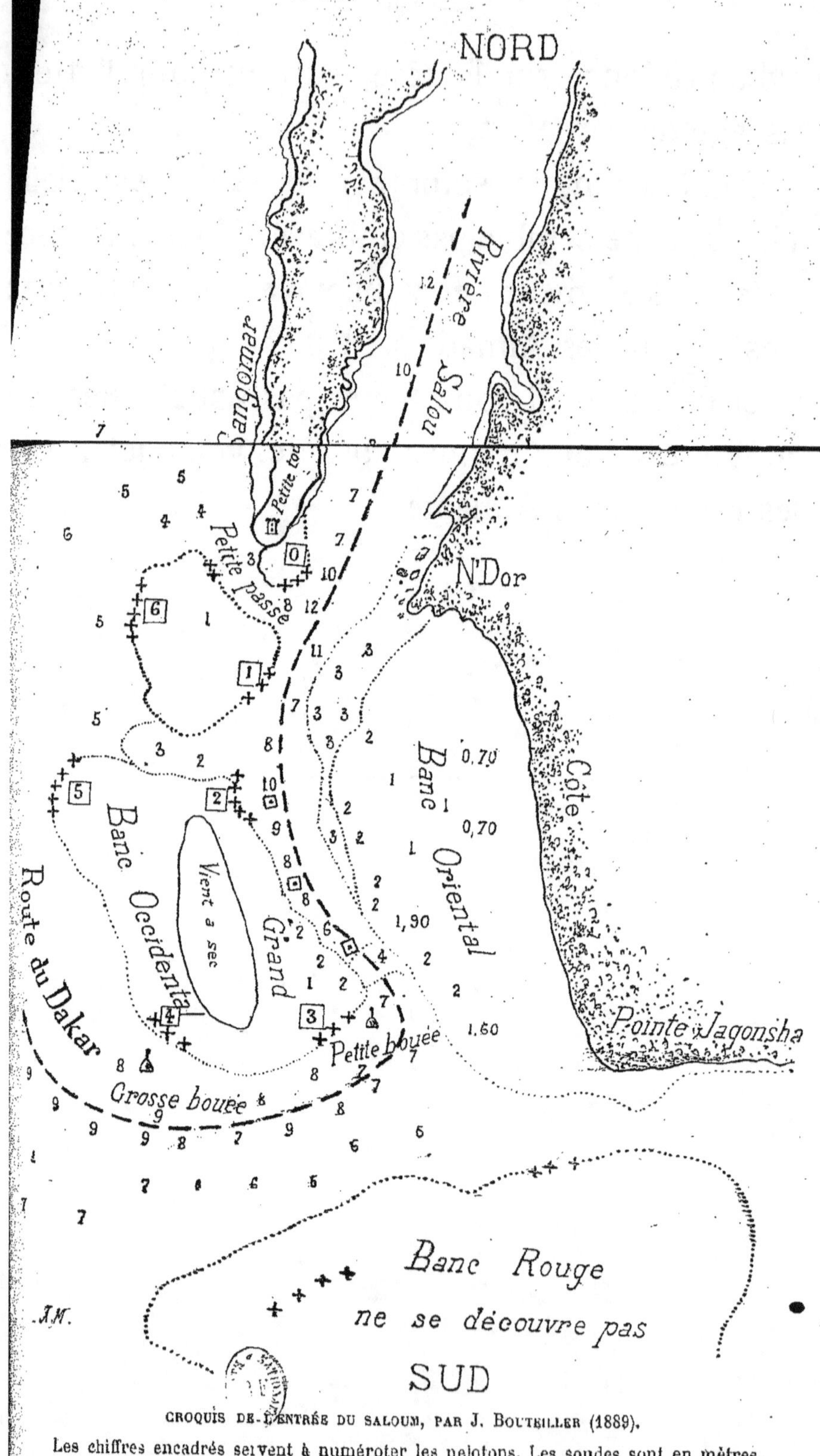

CROQUIS DE L'ENTRÉE DU SALOUM, PAR J. BOUTEILLER (1889).

Les chiffres encadrés servent à numéroter les pelotons. Les soudes sont en mètres.

DE GORÉE A LA BARRE DE SALOUM

CHAPITRE V

DE GORÉE A LA BARRE DE SALOUM

(employer ici les cartes française n° 3385 et anglaise n° 607).

Il n'existe pas de carte donnant exactement l'entrée du Saloum. La seule que je connaisse s'en rapprochant le plus est le croquis dressé par M. le lieutenant de vaisseau Coffinières de Nordeck, commandant l'aviso *le Goéland*, en 1885.

J'en donne une, ci-contre, que je me suis efforcé de faire aussi complète que possible. Je recommande aux capitaines qui n'auront pas pu trouver de pilote de s'y conformer. Je leur garantis qu'ils s'en trouveront bien, ayant eu l'occasion d'en vérifier l'exactitude plus de vingt fois.

Comme le dit le commandant Coffinières, la première chose à faire pour aller au Saloum, est de prendre un pilote à Gorée. Les pilotes, qui ne sont autres que des patrons de côtres et quelquefois très médiocres, se trouvent près du capitaine de port ou dans les maisons de commerce. Il ne faut pas trop s'y fier; je puis en parler sciemment, les connaissant tous. Il n'y en a guère que trois auxquels on puisse confier en toute sécurité le pilotage d'un grand navire dans le Saloum. Je ne veux pas les citer ici : tout Gorée les connaît.

Je suis descendu plusieurs fois, par une nuit très noire, de Foundiouque à Sangomar; jamais il ne m'est rien arrivé de fâcheux. Les pilotes ne me servent que lorsque je suis rentré dans les rivières ; mais c'est toujours moi qui rentre mon navire. Je me suis trop fié à eux au début; je sais maintenant à quoi m'en tenir. Toutefois, il ne faut pas que les marins qui n'ont pas fréquenté les rivières du Sud se hasardent à partir de Gorée et à rentrer dans ces rivières sans pilote.

Je ne suis pas de l'avis du commandant Coffinières, qui prétend qu'il faut passer la barre du Saloum au moment de la pleine mer. Ce n'est pas à ce moment qu'il faut passer cette barre avec un navire ne calant pas plus de 3 mètres ; c'est, au contraire, au moment de la basse mer ; en voici la raison :

A marée basse, il est facile de voir tous les bancs et, par suite, de faire le chenal. Il n'y a qu'un endroit dans la passe où l'on trouvera 3 mètres de fond de vase au moment des plus basses mers ; partout ailleurs, on trouvera, en longeant le peloton Est du grand banc occidental, 8, 9 et 10 mètres. Quand, au contraire, la mer est haute, la passe devient plus difficile et il y a plus de risques de s'échouer. Si l'on échoue, à marée haute, sur le grand banc oriental qui longe toute la rive gauche, à l'entrée du Saloum, on risque fort de ne plus en sortir. Les vents et les courants vous portent sur ce banc ; une grande quantité de navires y sont engloutis.

Quand vous vous disposez à rentrer dans le Saloum avec un navire ne calant pas plus de 2 mètres et demi à 3 mètres, les pilotes vous proposent presque toujours de passer par la petite passe. Il ne faut pas les écouter. J'y suis cependant passé plusieurs fois avec le *Dakar*, calant 3 mètres, à mer haute naturellement, mais je certifie qu'il faut bien chenaler pour ne pas échouer. Cette passe n'existe pas pour les grands bateaux ; il ne faut jamais s'y engager.

Il faut partir de Gorée de manière à arriver à la barre du Saloum au jour ; faites 50 milles au Sud 35° Est du monde. S'il ne fait pas encore tout à fait jour ou s'il y a du brouillard, sondez ; vous trouverez 11 mètres, sable gris. Vous êtes alors à 7 milles de terre et à 12 milles de la grande bouée qui a été mouillée par le *Dakar* le 20 juillet 1886. Relèvement de cette bouée :

Pointe N'Dar, Nord 11° Est du monde.

Pointe Jagousah Nord 35° Est du monde.

Cette bouée est à voyant et peinte en noire ; on devra la laisser par bâbord en entrant. A mon avis, lorsqu'on a fait les 50 milles sur la route indiquée ci-dessus, il faut mouiller s'il n'y a pas de vue, jusqu'à ce qu'il fasse clair.

Si, au contraire, il fait jour, continuez sans crainte dans la même direction, et vous ne tarderez pas à apercevoir la grosse bouée par bâbord. Lorsque vous aurez fait 55 milles, vous reconnaîtrez Sangomar à une trouée dans les arbres qui correspond à l'ancienne embouchure du fleuve ; la pointe est à 3 milles environ de cette trouée. Sangomar est encore facile à reconnaître du large, par une petite touffe de palmiers qui se trouve à 500 mètres de la langue de sable, et par une petite tour, élevée par l'*Ardent* en 1888.

Venez couper le parallèle de Sangomar à 3 milles environ dans l'ouest et continuez votre route. L'extrémité Sud du grand banc occidenta se trouve à cette distance de la tour.

Il n'y a qu'un danger sur la route de Gorée à Sangomar, c'est le banc M'Bour, qui s'étend à 6 milles dans l'Ouest de la pointe Sereine ; mais la route au Sud 35° Est du monde fait très bien passer ce banc.

Tenez-vous toujours par des fonds de 9 à 10 mètres. Si vous n'apercevez pas la bouée dont j'ai parlé plus haut, tenez-vous dans Sud 85° Ouest du monde de la pointe de Jagousah, pointe que vous reconnaîtrez facilement, et gouvernez dessus : vous verrez alors la bouée. Passez à 25 ou 30 mètres de cette bouée, en la laissant par bâbord, arrondissez légèrement en prenant peu à peu la pointe Jagousah 2 quarts d'abord et, quelques minutes après, 4 quarts par tribord. Vous commencerez par voir le peloton de brisants Sud du grand banc occidental ; vous pouvez passer à les longer. Lorsque vous serez par le travers de ce second peloton de brisants, vous apercevrez la petite bouée à 3 quarts par votre bâbord. Conservez-la toujours 1 quart par bâbord, et passez à la toucher.

Aussitôt que cette petite bouée noire à voyant aura été passée, vous devrez avoir la pointe de Sangomar dans le Nord 25° Est du monde; allez bien doucement, et prenez le cap au Nord 7° Ouest du monde. 2 ou 300 mètres après la petite bouée, vous trouverez 3 mètres à mer basse, sur une largeur de 150 mètres : c'est l'endroit de la passe où il y a le moins d'eau. Gouvernez dans l'aire du vent indiquée jusque par le travers du peloton marqué 2 sur mon croquis, sans jamais vous écartez de plus de 200 mètres de tous les pelotons du grand banc occidental. Quand vous serez à cet endroit, mettez le cap sur la pointe Sangomar et arrondissez légèrement les autres pelotons en venant sur tribord; vous conservez toujours 8, 9, 10 et 11 mètres d'eau. Quand vous serez Est et Ouest de la pointe Sangomar, vous trouverez des fonds de 7 et 8 mètres. Pour rentrer ensuite dans le Saloum, il vous faut un pilote.

Prenez toujours garde, en faisant la passe, de tomber sur le banc oriental, surtout dans le nord du peloton marqué 2; un peu dans le nord de ce peloton, c'est-à-dire entre les pelotons 1 et 2, le banc oriental forme une queue. N'oubliez pas non plus que les courants vous portent dessus : rangez bien les pelotons 1 et o.

J'ai passé plus de trente fois avec le *Dakar* en me conformant aux données ci-dessus, et je m'en suis toujours très bien trouvé. Depuis 1884 que je connais la barre de Sangomar, je n'y ai remarqué aucun changement ; seul, le grand banc occidental s'est rapproché, je crois, de 10 à 15 mètres vers le Sud. Je crois également que la partie de ce banc qui découvre est remontée vers le Nord ; peut-être n'a-t-elle pas bougé et est-ce l'effet du déplacement de la queue du banc vers le Sud qui m'a fait faire cette remarque.

La pointe Sangomar proprement dite a été rognée de 25 à 30 mètres depuis 1886 ; de là un léger déplacement des pelotons o et 1. Je joins à cette instruction un croquis, fait à main levée, qui permettra de se rendre compte de la situation des bancs et de la barre du Saloum, mais qui ne peut pas servir pour faire des relevants.

Les petits carrés avec un point au milieu figurés sur le croquis marquent les endroits où se trouvaient, en 1888 et au commencement de 1889, des petites bouées qui étaient d'une grande utilité. Elles n'étaient pas assez solidement ancrées et le courant les a emportées.

Je ne conseillerai jamais à un capitaine de passer la barre de Sangomar avec un grand navire sans l'avoir balisée au préalable.

La mer marne d'environ 2 mètres aux Syzygies.

Dans la passe, le courant, au moment du flot, porte au Sud; à mi-marée, il porte au Sud-Est, et, une heure après le plein, au Nord-Est.

Les deux premières heures du jusant portent à l'Ouest-Sud-Ouest; pendant les heures qui suivent, le courant porte au Nord jusqu'au peloton 1.

La vitesse du courant est d'environ 2 nœuds 5 en rivière, jusque par le travers du marigot de Guilas; après cet endroit, au-dessus du village de Baoum, sa vitesse n'a plus qu'un nœud jusqu'à Kaolak. Le plein ne se fait à Foundiouque que quatre heures après le plein de la barre.

DE RUFISQUE A SANGOMAR

CHAPITRE VI

Le 15 mars 1888, dans ma route de Rufisque à Sangomar, le silliomètre m'a donné 6 milles en moins que mon estimation. J'avais évalué la vitesse à 9 nœuds, le silliomètre ne m'en avait donné que 8.

Parti de Rufisque à dix heures et demie du soir, j'ai gouverné jusqu'à trois heures du matin au Sud demi-Est du compas. A trois heures, pris le Sud-Est $^1/_4$ Sud du compas : j'étais un peu trop à terre. Il faut gouverner au Sud-Sud-Est demi-Sud du compas, et l'on est certain d'arriver juste. Je laissai courir jusqu'à cinq heures et demie du matin et sondai : je trouvai de 9 à 10 mètres.

Le 1er mai de la même année, le Sud-Sud-Est demi-Sud me met encore trop à terre. Je crois qu'avec le flot du Saloum et celui de la Gambie, les courants portent au Nord-Est sur la côte de Rufisque au Saloum.

Le 15 juin suivant, parti de Rufisque à dix heures et demie du soir, j'ai pris le Sud du compas jusqu'à trois heures du matin. A ce moment, j'ai fait route au Sud-Sud-Est demi-Sud du compas. Cette direction m'a fait attaquer la bouée Nord de la Gambie. Je résolus donc de faire à l'avenir le Sud-Sud-Est demi-Est du compas.

Depuis cette époque, j'ai toujours suivi cette route et m'en suis bien trouvé.

Après correction faite du compas, mes routes correspondaient aux suivantes :

Le Sud-Est demi-Est du compas au Sud 71° Est du monde;

Le Sud-Sud-Est demi-Sud du compas, au Sud 32° Est du monde;

Le Sud du compas, au Sud 15° Est du monde.

DE SALOUM A BATHURST

CHAPITRE VII

DE SALOUM A BATHURST

Un navire allant du Saloum en Gambie devra, s'il ne cale pas plus de 3 mètres, partir de Sangomar de manière à passer la barre du Saloum une heure avant la basse mer. Aussitôt en dehors, à la grosse bouée, il fera le Sud du monde si son calcul de marée lui donne encore du jusant en Gambie ; dans le cas contraire, il fera le Sud-Ouest du monde, jusqu'à ce qu'il aperçoive la première bouée rouge de la Gambie.

C'est dans l'est de cette bouée que se trouve la queue du banc de *l'île aux Oiseaux*. On peut cependant passer sans crainte à 1 mille dans l'Est de cette bouée à mer basse ; on y trouvera 8 et 9 mètres.

Aussitôt Est et Ouest de la bouée, s'il y a flot, on fera le Sud du monde; s'il y a jusant, on fera le Sud-Sud-Est. Il ne faut pas avoir peur du banc Horseshoc, marqué sur la carte de l'entrée de la Gambie. J'ai fait, dans l'espace de trois ans, soixante-six voyages de Bathurst au Saloum, et *vice-versa*, sans avoir pu le trouver : ce n'est cependant pas faute de l'avoir cherché.

Il existe un autre banc qui vient à sec dans le Nord-Ouest du banc de l'île aux Oiseaux; mais, en suivant la route que je viens d'indiquer, c'est-à-dire la route de la bouée rouge, on n'a rien à craindre.

Dès que vous aurez aperçu la bouée à damier, laissez-la par tribord à 1 mille ou 1 mille 1/2 dans l'Ouest et venez prendre une autre bouée rouge qui se trouve dans le Sud du monde de l'hôpital du cap Sainte-Marie. Quand vous serez près d'elle, laissez-la par tribord, faites l'Est du monde et vous ne tarderez pas à voir une bouée noire à voyant. Vous pouvez laisser cette dernière bouée à tribord ou à bâbord à votre choix; toutefois, il est préférable pour les grands navires de la laisser à tribord en entrant. Dans l'un ou l'autre cas, ne passez pas trop près, car j'ai trouvé un petit banc dans son voisinage. Après l'avoir doublée, gouvernez sur la pointe de Bathurst, en la tenant un peu ouverte pendant 2 ou 3 milles. Si vous n'apercevez pas cette pointe, gouvernez au sud 15° Est et vous verrez bientôt la pointe de Barra, si le temps est clair.

Ne comptez pas sur les feux indiqués sur la carte n° 2670. Je ne les ai jamais vus. Je suis cependant rentré bien des fois de nuit à Bathurst!

Si les capitaines veulent se conformer exactement aux données et à la carte qui précèdent, je puis leur assurer qu'ils rentreront en toute sécurité à Bathurst sans pilote, avec un temps clair.

Il faut toujours avoir soin de rentrer avec le flot.

Le courant atteint environ 3 nœuds et fait à peu près la passe.

MOUILLAGE DE BATHURST

CHAPITRE VIII

MOUILLAGE DE BATHURST

Les bâtiments de l'État mouillent, à Bathurst, dans l'est de la maison du gouverneu·, où se trouve le mât de pavillon, par des fonds de 18 à 20 mètres. Les navires du commerce mouillent dans l'est de la ville, par des fonds de 20 à 25 mètres. Je recommande aux capitaines de ne pas mouiller entre le wharf de la douane et celui de la Compagnie du Sénégal ; il y a là un pâté d'ancres à 60 ou 90 mètres de terre et, neuf fois sur dix, si vous y mouillez, votre ancre y reste.

La brise et les tornades présentent, à peu de chose près, les mêmes phénomènes qu'à Gorée. Il faut donc, dans l'hivernage, toujours mouiller un peu au large des caboteurs de la côte. La tenue est très bonne; aussi est-il inutile de filer plus de trois maillons dans les plus grandes tornades.

Sur la rade, le courant du flot porte au Nord, le long des wharfs; le jusant porte au Sud. Il se produit quelquefois sur cette rade de forts remous de courants, et souvent les navires s'abordent en évitant sur leurs ancres.

Il arrive aussi fréquemment qu'un navire mouillé entre le courant de la rade et le courant qui longe les wharfs tourne dix ou douze fois sur lui-même.

On trouvera presque toujours le côtre des pilotes mouillé auprès de la bouée rouge qui est Est et Ouest par rapport au cap Sainte-Marie.

Bathurst est un port franc.

DE BATHURST

A LA BARRE DE CASAMANCE

CHAPITRE IX

DE BATHURST A LA BARRE DE CASAMANCE

Je ne dirai que quelques mots de la route de Bathurst à la Casamance, car fort peu de navires font cette traversée.

Après avoir contourné les récifs de Sainte-Marie, faites le Sud 60° Ouest du monde, afin de ne pas faire plus de chemin qu'il n'en faut. Vous passerez tout près du plateau des îles Bijjols; l'eau ne manque pas dans le nord de ce plateau : on y trouve 10 à 11 mètres. La mer s'y brise toujours; il sera donc facile de le tourner à distance. Ne vous en approchez jamais par des fonds de moins de 8 mètres.

Quand vous serez Est et Ouest du monde des îles Bijjols, prenez le Sud du monde et longez la terre. Plus rien à craindre ensuite jusqu'à l'entrée de la Casamance. A partir de la rivière de San-Pedro, les courants portent au sud quand il y a flot en Casamance et au nord quand il y a jusant.

Je décris plus loin l'entrée de cette rivière en parlant de la route de Gorée en Casamance.

DE GORÉE EN CASAMANCE

CHAPITRE X

DE GORÉE EN CASAMANCE

(CARTES A EMPLOYER : Nᵒˢ 3385 ET 3019)

Calculez le temps qu'il faut à votre navire pour faire environ 100 milles. Si vous partez le soir de Gorée, faites en sorte d'arriver le matin au jour.

Faites environ 100 milles au Sud 12° Est du monde. Ne craignez pas, s'il fait jour, de vous approcher de terre et cherchez la pointe San-Pedro. Cette pointe est facile à reconnaître. Vous verrez deux monticules recouverts d'arbres; la touffe d'arbres la plus au Nord est Gougncour, la plus au Sud est San-Pedro. Il vous reste encore 15 milles à faire pour aller du parallèle de San-Pedro à la pointe de Djogué; vous serez alors à environ 5 milles de terre. Ne vous approchez pas par des fonds de moins de 8 mètres. En longeant la côte à cette distance, vous évitez facilement le plateau Souta (vous verrez la mer se briser dessus). Après avoir passé ce plateau, approchez-vous à 1 mille 1/2 de la côte et vous apercevrez une petite forêt de palmiers, située à environ 1,000 mètres de la pointe de Djogue. C'est en face de ces palmiers et tout près de terre que vous prendrez le pilote qui devra vous rentrer. Aussitôt que vous apercevrez sa pirogue, gouvernez dessus.

Il est bien entendu que la manœuvre que je viens d'indiquer ne s'applique qu'au cas où l'on veut passer par la petite passe, la plus commode pour les bateaux ne calant pas plus de 3 à 4 mètres. Je parlerai plus loin des autres passes.

Lorsqu'on va pour la première fois en Casamance et qu'on aperçoit, tout près de terre, la pirogue du pilote, on est tenté de l'attendre. Beaucoup de navires l'attendent en effet, mouillés au large. Lorsqu'on est pressé, il faut gouverner dessus sans crainte, elle vous attend. Un peu avant d'arriver dessus, stopez et le pilote monte à bord. A ce moment-là, vous êtes en plein dans la passe. Je parle ici pour les vapeurs car les voiliers devront mouiller au large par des fonds de 10 à 11 mètres.

En venant du Sud, après avoir contourné les bancs, tenez-vous toujours dans le Nord du parallèle du bouquet de palmiers mentionné plus haut. Tenez ces palmiers au Sud 80° Est du monde (ceci est très important, étant donnés le déplacement des bancs et l'irrégularité des cartes).

L'entrée de la Casamance n'est pas toujours facile à reconnaître attendu que bien souvent le meilleur signe, la pointe de Guimbéring, est couverte de brouillard. On ne se trompera cependant pas et on ne risquera pas de passer l'entrée de la Casamance en suivant les routes que je viens d'indiquer. Je recommande bien de sonder.

Par temps clair, la pointe de Guimbéring se voit de très loin, à cause de la forêt d'arbres très élevés qui s'y trouve. Quand vous viendrez du nord, tenez-vous dans le Nord 35° Ouest de cette pointe. Ne la confondez pas avec la hauteur de Guimbéring, qui se trouve un peu plus au Sud.

Dans la passe de Djogué, ou petite passe, on ne trouvera pas moins de 4 mètres d'eau dans les plus basses mers si l'on suit bien le chenal.

Voici les indications nécessaires pour faire cette passe sans pilote.

Quand vous venez du Nord, tenez-vous toujours dans le Nord 35° Ouest de la pointe de Guimbéring; une fois Est et Ouest du bouquet de palmiers précité, fermez un peu la pointe Djogué par celle de Guimbéring. Quand les deux pointes se toucheront, vous serez à 100 mètres de terre. Un peu au Nord de la cabane des pilotes, vous aurez 9 et 10 mètres de fond; ne vous approchez pas davantage de terre, tenez-vous au contraire à 150 mètres en arrondissant la terre. Il est bien évident qu'à ce moment les deux pointes dont je viens de parler sont ouvertes; il ne faut même plus s'en occuper La seule chose à laquelle il faut veiller, c'est de se tenir à 140 ou 150 mètres de terre tout au plus, si on ne veut pas aller tomber sur le banc Djogué.

Quand vous passerez par le travers d'un espars planté à terre dans le sable vous serez à l'endroit où il y a le moins de fond. Ne vous laissez pas tromper par l'œil et prenez toujours bien garde de ne pas approcher à plus de 140 ou 150 mètres de terre. Quand vous passerez ensuite par le travers d'un second morceau de bois planté dans le sable, vous aurez franchi la passe.

Le courant, dans cette passe, atteint 3 et 4 nœuds dans les grandes marées.

Au mois de décembre 1886, j'ai passé la barre à mer basse; la sonde m'a toujours donné 4^m,50. Le *Gabès*, calant 11 pieds, la passait après moi avec deux heures de flot environ. Le commandant me dit ensuite que le pilote Abdoubar l'avait fait toucher en passant trop près de la pointe. C'est pourquoi, en passant la barre de Djogué, il faut toujours arrondir la terre à environ 150 mètres. Aussitôt Nord et Sud avec l'amers de Djogué (une petite pyramide élevée dans les broussailles), vous êtes rentré; vous n'avez plus qu'à gouverner sur la pointe du wharf de Carabane, en tournant légèrement le banc qui est à l'Ouest du poste. Dans la belle saison, avec un petit navire, mouillez par 6 mètres.

Il m'est arrivé souvent de partir de Dakar le soir, afin d'être au jour à l'entrée de la Casamance. Je faisais route au Sud 12° Est du monde, comme je l'indique plus haut, en tenant compte toutefois des courants de la Gambie, qui nous portent à terre avec le flot (généralement le courant porte au sud; j'ai toujours compté 1 mille à l'heure et m'en suis bien trouvé.)

Après avoir fait 120 milles à l'aire de vent indiquée, je stopais : la sonde me donnait toujours 9 et 10 mètres. Si le temps n'était pas clair ou s'il faisait nuit, je marchais très doucement en me rapprochant de terre. Quand j'avais des fonds de 6 mètres, je stopais de nouveau et attendais le jour.

Au mois de décembre 1886, alors que je transportais des troupes en Casamance, j'ai suivi exactement la route que je viens d'indiquer. Je quittais Dakar à six heures du soir et je stopais à cinq heures du matin. La sonde me donnait 9 mètres. Il faisait encore nuit et il y avait de la brume. Je venais de 5° sur bâbord en marchant doucement, la sonde à la main. A six heures un quart, le temps s'éclaircissait, j'apercevais le *Gabès* à 1 mille dans le sud. Il était mouillé à 2 milles dans le nord de la passe de Djogué depuis la veille. Je passais à terre de lui; c'est à peine s'il faisait jour; je ne voyais pas encore la pointe de Djogué, mais, par les fonds, je connaissais très bien ma position.

Mon petit tirant de 3 mètres me permit de rentrer aussitôt dans la petite passe, et à sept heures du matin j'étais mouillé devant le poste de Carabane, où je débarquais mes troupes.

GRANDE PASSE

Il y a beaucoup plus d'eau dans cette passe que dans la passe de Djogué, mais elle n'est usitée que par les grands vapeurs calant plus de 4 mètres.

J'y suis passé souvent avec le *Dakar* et je trouve qu'elle est beaucoup plus difficile que la passe de Djogué et qu'elle ne fait pas gagner de temps aux navires qui vont dans le sud.

Il n'est pas très facile de décrire ici l'entrée de la grande passe, car la carte n° 3006 ne donne pas exactement la position des pelotons des bancs.

Prenez cette carte et regardez la pointe ouest du banc du nord. Pour avoir aujourd'hui la position exacte du dernier peloton Ouest de ce banc, il faut le prolonger dans le Sud-Ouest presque par-dessus l'alignement du mouillage et de Guimbéring. Regardez bien cet alignement: le peloton Ouest passe par-dessus le mot Guimbéring de la phrase écrite sur cette ligne. Tache blanche de Guimbéring au Sud 45° Est, c'est-à-dire que la queue Ouest de ce grand banc est aujourd'hui à peu près dans le Sud 50° Est du monde.

Le banc de l'Étoile est également déplacé; aussi est-il indispensable d'avoir un pilote pour rentrer dans la grande passe.

Un navire, soit à voiles, soit à vapeur, qui veut faire cette grande passe, devra venir prendre son mouillage à l'endroit indiqué sur la carte n° 3006; il n'aura rien à craindre et verra toujours les brisants. A cet endroit, on n'aura pas à redouter les tornades venant de l'est.

La mer marne de 2 mètres dans les Syzygies et de $1^m,50$ aux pleines et aux nouvelles lunes.

Je n'ai pas encore vu d'ouvrage parlant des raz de marée de l'entrée de la Casamance. Ces raz de marée existent cependant, j'ai eu occasion de les voir plusieurs fois.

Quand il y a des raz de marée avec grosse brise du nord, la mer déferle partout sur les bancs et il est impossible de reconnaître aucune entrée. La barre devient alors très dangereuse; les pilotes ne peuvent pas venir à vous. Il est donc préférable d'attendre en mouillant au large, mais pas par des fonds de moins de 12 mètres. Les raz de marée, devant la Casamance, ne durent pas plus de trois jours. Pendant le troisième jour, ils diminuent sensiblement déjà et le quatrième la mer reprend son état normal. Il se produit quelquefois, le cinquième jour, une reprise du raz de marée, qui dure encore trois jours. Les navires peuvent très bien passer entre deux raz de marée.

Le service postal que je faisais ne me permettait pas d'attendre et m'obligeait parfois à passer la barre pendant les raz de marée. Mais je n'engage pas à le faire, car il faut très bien connaître l'entrée et avoir un bateau maniable comme le *Dakar* pour tenter le passage dans ces moments-là.

DE LA CASAMANCE A BOULAM

CHAPITRE XI

Faites votre possible pour partir le matin de Carabane, afin de pouvoir, avant la nuit, reconnaître la pointe de Cayo.

Cette pointe se reconnaît à trois îles boisées bien visibles ; quand vous serez à l'Ouest par rapport à elles, elles vous paraîtront bien détachées l'une de l'autre.

Si vous ne voulez pas naviguer de nuit dans les Bissagos, vous trouverez un bon mouillage pour la nuit à 1 mille environ dans le Sud-Ouest de la pointe Cayo. Si vous arrivez assez à temps pour rentrer dans le chenal et que vous puissiez aller jusqu'à l'île Angora, vous aurez encore là un excellent mouillage à un mille ou deux dans le Sud du monde de cette île. En mouillant à 2 milles dans le Sud d'Angora, vous aurez 30 mètres ; en mouillant dans le Sud-Est, à 3 milles environ, vous aurez de 12 à 15 mètres.

Je vous recommande, si vous partez le soir de la Casamance, de bien estimer votre route et de bien calculer les courants par le travers de l'entrée du Cachéo, car cette entrée est pleine de dangers. J'ai vu quelquefois le banc Cachops briser ; mais je suis passé souvent sans le voir. Les courants vous font rentrer malgré vous dans le Cachéo.

Je donne ci-après les véritables routes corrigées des courants, leur vitesse et leur direction dans chaque endroit. Mon point de départ est l'Est et Ouest du monde du cap Roxo, dont je passe à 9 milles.

A partir de cet endroit, je fais 21 milles au Sud, 20° Est du monde. Pour arriver à faire exactement cette route, je compte 2 nœuds de courant à l'heure pendant toute ma route, portant à l'Est du monde avec le flot et 2 nœuds également par l'Ouest du monde avec le jusant, pendant les pleines et nouvelles lunes. Pendant les morts d'eau, je ne compte que 1 nœud à l'heure.

Après avoir fait les 21 milles énoncés plus haut, je me dispose à faire le Sud 65° Est du monde.

Pour obtenir exactement cette route, je compte 2 nœuds 1/2 de courant à l'heure portant au Nord-Est avec le flot et 2 1/2 également portant au Sud-Ouest avec le jusant, pendant les pleines et nouvelles lunes. Je ne compte que 1 mille 1/2 à l'heure pendant la morte eau.

Les routes que je viens d'indiquer sont difficiles à trouver ; je n'ai pu y arriver qu'à force de tâtonnements, après une quinzaine de voyages ; mais maintenant je suis certain qu'elles sont bonnes.

Il m'arrive souvent de partir le soir de Carabane et d'être à Cayo le lendemain matin au petit jour, ce qui me permet d'être à Boulam de très bonne heure.

CHENAL DE CAYO

Une fois engagé dans le chenal de Cayo, la route est facile, vous avez des relevants partout. Mais, si vos compas sont bien réglés, faites 13 milles au Sud 63° Est du monde à partir de la ligne Nord et Sud de l'île Cayo: vous parez ainsi très bien le banc Arlett. Après avoir fait ces 13 milles, vous aurez la pointe Arlett au Nord 45° Est du monde. Changez à ce moment pour faire le chenal de Zéba; prenez le Sud 85° Est du monde et 11 milles 1/2 à cette aire de vent. Quand vous serez Nord et Sud avec la pointe Ouest de Martino, faites le Nord 76° Est du monde jusqu'au moment où vous relèverez le bois de Saint-Martin au Nord 18° Ouest du monde.

CHENAL D'ARCAS

A partir de la jonction du canal Bissao et du chenal d'Arcas, la navigation devient très difficile, si l'on s'engage dans le chenal. Les routes ne peuvent guère être données; les courants portent, avec le flot, vers le chenal Bissao et l'île Arcas, avec une vitesse de 3 à 4 nœuds dans les grandes marées; ils portent avec une même vitesse vers le Sud-Ouest avec le jusant.

Tenez-vous toujours dans le Nord 18° Ouest du monde du bois Saint-Martin, et, quand vous serez Est et Ouest avec la balise de Pedralva, que vous laisserez à environ 2 milles par tribord, ouvrez la pointe de Boulam, que vous verrez très bien à ce moment par votre bâbord s'il y a flot ; gouvernez en grand dessus s'il y a jusant.

Si vous arrivez à la jonction du chenal Bissao et du chenal d'Arcas avec le flot, n'attendez pas, pour vous engager dans ce dernier, d'avoir le bois Saint-Martin par le Nord 18° Ouest de vous ; vous y tomberez toujours. Quand vous serez Nord et Sud avec lui, arrondissez légèrement en venant chercher le parallèle de la partie Nord d'Arcas. Puis, la sonde à la main, vous cherche-rez la queue du banc Cancho. Ne vous en appro-chez pas par moins de 7 mètres. Défiez-vous du banc d'Arcas, les courants vous portent dessus.

Il est bien évident qu'avec le jusant, il faut faire le contraire de ce que je viens d'indiquer, c'est-à-dire venir chercher le parallèle d'Arcas seulement après avoir bien passé la ligne Nord 18° Ouest du bois Saint-Martin.

Le chenal d'Arcas doit se faire la sonde à la main dans toute sa longueur.

CHENAL DE BULAMA

Quand vous serez engagé dans le chenal de Bulama, faites le Sud 50° Ouest jusqu'à ce que vous ayez la première pointe Sud de Gallinha Est et Ouest, et la pointe Bénisson Nord et Sud; car à la pointe Hachete, il y a un banc du même nom qui se trouve à 1 mille 1/4 plus au Sud que ne le portent les cartes; le courant vous mène dessus. C'est un banc de vase; j'ai touché deux fois dessus. Quand vous avez évité ce banc, gouvernez, avec le flot, sur la pointe Nalou et sur la pointe Nord de la rive gauche qui forme l'entrée du Rio-Grande (j'appellerai désormais cette pointe : pointe Dakar), afin de vous engager dans le chenal Bolola.

CHENAL BOLOLA

Quand vous êtes sur le parallèle de la factore-rie située sur la pointe Nalou, gouvernez sur la pointe que je viens d'appeler pointe Dakar jusqu'à ce que vous soyez Nord et Sud de la factorerie qui se trouve sur la pointe Lawrence, pointe qui n'est que le prolongement vers le Nord de la pointe Nalou. Une fois dans cette position, venez un peu sur le bàbord, afin de prendre la pointe Dakar par la pointe qui s'avance derrière elle sur la même rive droite du Rio-Grande. Tenez ces deux pointes l'une par l'autre et ne les fermez pas avant de relever la factorerie Blanchard de la pointe Banbaya dans le Sud 40° Est du monde.

A ce moment, venez en grand sur bâbord et mettez le cap entre la pointe de Hankey, sur l'île Bulama par bâbord, et celle qui fait le prolongement de la pointe Dakar vers le Nord-Ouest, presqu'en face de Hankey, par tribord. Ne vous approchez pas de la pointe de Hankey; conservez l'autre côté du canal de préférence, et, quand vous serez Est et Ouest avec Hankey, gouvernez sur les bateaux qui sont en rade de Boulam.

Dans la belle saison, c'est-à-dire du mois de novembre au mois de mai, il faut mouiller par 20 milles en face du wharf et tout près de la carcasse que l'on voit toujours, même dans les plus grandes eaux.

Pendant l'hivernage, mouillez également en face du wharf, plutôt un peu dans le Sud de son prolongement, mais plus au large. La tenue est bonne sur la rade de Boulam, mais les tornades y sont aussi très fortes et viennent généralement en plein de l'Est pendant toute la saison.

Maintenant que j'ai tracé les routes de la Casamance à Boulam, je vais essayer d'expliquer les difficultés que l'on rencontre dans cette traversée.

Dans la route de Roxo à l'île Cayo, en travers de l'entrée du Cachéo, on navigue dans une eau sale et vaseuse. Vous voyez parfois des remous de courants avec de grandes plaques d'eau de couleur rougeâtre ; si vous sondez et que vous trouviez 12 à 15 mètres, vous êtes dans le bon chemin. Si, par malheur, vous êtes dressé sur les bancs de Cachéo, vous voyez toujours les mêmes remous et l'eau conserve sa même teinte. Rien ne vous avertit donc que vous courez sur un danger ; aussi est-il bon de faire sonder de temps en temps.

Quand le raz de marée se fait sentir en Casamance, il se fait également sentir à l'entrée du Cachéo et, à mer basse, on voit très bien les bancs de Falula, de Parcel et de Cachops brisés. Ce dernier découvre quelquefois.

Voici ce qui m'est arrivé une fois avec le

Dakar, dans un de mes premiers voyages :

J'étais parti le soir de la Casamance. J'avais calculé les courants, mais non pas de la façon que je viens d'indiquer. Nous étions en grande marée de mars. Je devais me trouver, au jour, dans l'Ouest-Sud-Ouest de la pointe Cayo, à une dizaine de milles.

Quand le jour arriva, on voyait par bâbord devant, à 4 quarts et à 7 ou 8 milles, une pointe qui ressemblait beaucoup à Cayo. J'avais à bord un pilote de Gorée qui m'affirma que c'était bien Cayo. J'avais cependant des doutes, car j'avais déjà vu deux fois la pointe Cayo et, malgré les ressemblances que celle-ci présentait avec elle, je pressentais que nous faisions erreur. D'un autre côté, je trouvais que j'avais été porté au Sud-Ouest alors que j'avais compté l'être au Nord-Est. Le pilote m'affirma de nouveau que c'était bien Cayo que nous apercevions. Mon dernier doute dut céder devant ses affirmations. Il y avait flot depuis trois heures ; je mis le cap sur la pointe que nous prenions pour Cayo. Le *Dakar* filait 10 nœuds et le courant 3 nœuds, ce qui me donnait une vitesse de 13 nœuds. Aussi, peu de temps après avoir changé de cap, je vis, dans le Sud-Est, des îles sortir de la mer.

Je crus d'abord que c'était Carashe; mais cela me donna à réfléchir. Je fis marcher doucement et, cinq minutes après, je vis un brisant par bâbord devant. Je vins en grand sur tribord en virant le derrière au brisant et fis sonder : on trouva 10 mètres. Pendant un moment, je ne savais plus où j'étais. Je fis des relèvements avec la pointe que j'avais prise pour Cayo et que je présumais maintenant être l'île Garamos et les îles que j'avais vues dans le Sud-Est. Ce relèvement me mettait sur les brisants du banc de Jatt! On juge de mon étonnement! J'avais cru être suffisamment porté au Sud-Ouest avec le jusant pour ne calculer, avec le flot, que 2 nœuds en grande marée sur ma route de Sud 65° Est. J'avais eu tort de ne compter que 2 nœuds de courant au Nord-Est en grande marée puisque je me trouvais porté à l'entrée du Cachéo. Je ne me suis jamais reproché cette faute, car, si j'avais été seul, j'aurais continué ma route afin de bien m'assurer que c'était Cayo qui était en vue, et, vingt minutes après, j'aurais aperçu cette pointe dans l'Est; c'est le pilote qui m'a trompé. J'aurais bien d'autres faits de ce genre à raconter sur les pilotes; je me contente de recommander de nouveau de ne pas trop se fier à eux.

Quand on s'engage dans le chenal de Cayo, il n'y a rien à craindre. Le banc Cayo est à 4 milles dans le Sud de la pointe; on passera donc à 2 milles dans le Sud de cette pointe, en suivant la route que j'ai donnée. Le courant du flot, dans le chenal Cayo, porte légèrement à terre et atteint une vitesse moyenne de 3 nœuds en marée. Le banc d'Arlett est très acors; aussi un navire en marche, ayant le courant pour lui, est dessus avant d'avoir eu le temps de s'arrêter. Si la sonde n'accuse que 10 à 12 mètres, on est sûr de toucher avant d'avoir fait seulement deux longueurs. J'en dirai autant du banc d'Arriscado. Il faut bien veiller à ce dernier, surtout si on navigue de nuit. J'ai déjà vu plusieurs bateaux s'y échouer.

Quand on arrive au bois Saint-Martin, il faut, avec le flot, chercher à la sonde la queue Nord-Est du banc Cancho et ne pas quitter la sonde dans tout le chenal d'Arcas. Si on est pris par une tornade dans ce chenal, il faut mouiller; il y a du fond partout, mais mouillez de préférence dans l'Est du chenal.

Les tornades sont excessivement fortes dans cette partie des Bissagos.

Pendant les grandes marées, les courants

remuent tellement le fond du chenal qu'il semble qu'on navigue sur de la vase.

Un navire qui n'est pas pressé devra stopper au bois Saint-Martin et appareiller pour prendre le chenal d'Arcas une heure seulement avant la pleine mer.

Il n'y a rien à craindre à la pointe de Bulama ; mais il faut veiller au banc Hachett, qui forme l'extrémité sud de Bulama et sur lequel vous portent les courants qui arrivent par le canal de Kanabak. Si l'on est pris par la nuit ou par une tornade en arrivant à la pointe de Bulama et que l'on soit obligé de mouiller, il faut chercher un mouillage dans la baie de Dalrymple, entre la pointe Bulama et le récif Hachett, à 1 mille 1/2 de terre, par des fonds de 12 à 15 mètres ; ce mouillage est excellent. En face, se trouve une petite plage de sable très bien disposée pour échouer les navires qui auraient besoin de faire leur carène.

Le chenal de Bulama est sûr, en conservant à 1 mille la pointe Lawrence et en ne dépassant pas l'alignement de la pointe Dakar avec celle qui se trouve derrière sur la rive droite du Rio-Grande ; c'est-à-dire qu'il ne faut jamais fermer ces deux points, ni jamais donner dans le canal de Boulam sans avoir la pointe de Banbaya dans le Sud 40° Ouest du monde. Si l'on ne prend pas ces précautions, on risque fort de toucher sur le rocher situé à 1 mille 1/4 sur le méridien de la pointe est de Boulam. Ce rocher fait partie d'un banc de sable et de roche qui brise à mer basse dans la partie Ouest; il ne découvre jamais.

Le courant atteint 3 milles à l'heure dans le chenal de Bulama, aussi bien avec jusant qu'avec flot. La mer marne d'environ 4 mètres.

En résumé, la navigation la plus facile, dans la traversée de Cayo à Boulam, est celle du chenal Cayo et celle du chenal Jéba.

J'arrive quelquefois à la nuit à la pointe Cayo. Je navigue jusqu'à onze heures ou minuit et je viens mouiller au bois Saint-Martin, en attendant le jour. Jamais je ne me suis soucié de faire le chenal d'Arcas, du bois Saint-Martin à la pointe Boulama, pendant la nuit, sauf lorsqu'il y avait clair de lune.

DE BOULAM AU RIO-NUNEZ

CHAPITRE XII

DE BOULAM AU RIO-NUNEZ

Lorsqu'un navire devra se rendre de Boulam au Rio-Nunez, il devra prendre ses mesures pour appareiller de façon à quitter Boulam une heure avant la pleine mer, afin de profiter des courants dans le chenal de Kanabak et dans celui d'Orango. Le courant de jusant porte, en marée, de 3 milles à l'heure au Sud-Ouest.

Si vous partez le matin de Boulam, vous pourrez passer entre Jamber et l'île de Mel, en dedans d'Alcatraz et des Confflicts. Cette route est beaucoup plus courte mais aussi beaucoup plus dangereuse. C'est le chemin que je suis avec le *Dakar* à l'aller et au retour, quand les circonstances me le permettent. Je vais l'indiquer ici et donner les mesures de précaution à prendre.

Aussitôt appareillé de Boulam, rapprochez-vous légèrement de la rive gauche du canal et gouvernez sur la factorerie de Banbayà. Quand vous aurez suffisamment ouvert la pointe la plus Sud de cette rive gauche, que j'ai appelée, dans le chapitre précédent, du nom de pointe Dakar, avec la pointe qui se trouve derrière elle sur la rive droite du Rio-Grande, vous pouvez venir sur tribord et mettre le cap au Sud 54° Ouest du monde.

Quand vous serez sur le parallèle de la pointe Lawrence, faites 5 milles au Sud 35° Ouest du monde. A ce moment, vous serez paré du banc de Manteri, qui, du reste, n'est guère redoutable. Il est acors et, même à mer haute, il est très bien remarqué.

Prenez ensuite le Sud 20° Ouest du monde, route qui vous conduira à Jamber.

Quand vous serez Est et Ouest du monde de la partie Nord de Jamber, venez sur bâbord, de manière à ouvrir la pointe la plus Est de Mel de 1 quart 1/2

Quand vous passerez par le parallèle de la pointe la plus Nord de Mel, venez légèrement

KANABAK I⁰
NORD
Kanabak Channel
S. 20° O.
Jamber Pass
Raven Pass
Churck I⁰
JAMBER I⁰
Cavallio Spit
CAVALHO
Orango Channel
Pipon Patch
JAMBER
EGG I⁰
GROUP
BICHO BANK
BICHO ROCKS
POLON
Route du Dakar S. 44° E.
COMPONE SHOALS
ALCATRAZ
S. 75° E.
DWARCKS
ALCATRAZ REEF
19° 10′ N O
Imp. Maillos

CALQUE DE LA CARTE ANGLAISE N° 1727, INDIQUANT LA PASSE JAMBER FAITE PAR LE Dakar.
Les sondes sont marquées en brasses. Celles suivies d'un m, sont en mètres et rectifiées par le capitaine du Dakar (J. Bouteiller, 1889).

sur tribord, afin de passer à 6 ou 700 mètres de la pointe la plus Est de l'île. Quand vous serez arrivé par le parallèle de l'extrémite la plus Sud, vous serez passé.

Sur le parallèle de la partie Nord de l'île Jamber, à 1 mille 1/2 de sa pointe Nord-Ouest, se trouve un roche à laquelle il faut bien veiller ; elle découvre à mer basse. En venant du Nord, on aura l'alignement de cette roche de la façon suivante :

En passant dans le Nord 20° Est de Cavalho et par le Nord 60° Ouest de la pointe nord de Jamber, la roche reste dans l'alignement de la partie Est de Mel.

Je joins à cette instruction le calque de la carte anglaise n° 1727. Ce calque donne l'alignement dont je parle et montre la route que je suis en faisant la passe. Il faut apporter beaucoup d'attention en passant le canal ; on n'y trouve quelquefois pas de fond, mais il n'a que 1/2 mille de large. On aperçoit presque toujours le brisant du milieu, qui se trouve à l'Est de la pointe Sud de Mel. Le courant atteint la vitesse de 5 nœuds.

De l'île de Mel à Alcatraz, vous ferez le sud 44° Est du monde, Comptez 2 nœuds de courant à l'heure au Sud-Ouest avec le jusant et 2 nœuds également au Nord-Est avec le flot. Cette route route fait passer à environ 2 milles ou 2 milles 1/2 dans le Nord-Est d'Alcatraz. Elle fait aussi passer sur le banc qui se trouve à 8 milles de Mel (je crois que ce banc s'est approché dans le Nord-Ouest); on y trouvera 7, 9 et 10 mètres.

En arrivant nord et sud avec Alcantraz, les sondes ne sont pas marquées sur la carte; on y trouvera des profondeurs très irrégulières variant entre 9 et 20 mètres, mais jamais moins de 9 mètres.

Quand vous verrez Alcatraz, vous ferez bien de faire un relèvement car vous pouvez être drossé par les courants qui portent dans le Cassini. Il m'est arrivé de voir les brisants de l'île Sène et ceux de l'île Tristâo; il faut donc toujours chercher à voir Alcatraz, quand vous serez sur le parallèle d'Alcatraz à environ 2 milles 1/2 3 milles dans l'Est.

Prenez le Sud 75° Est du monde. Comptez sur 2 nœuds 1/2 de courant au Nord-Est avec le flot et autant au Sud-Ouest avec le jusant.

Sur la route que je viens de donner, où les sondes accusent 6 à 7 mètres, on trouvera 12

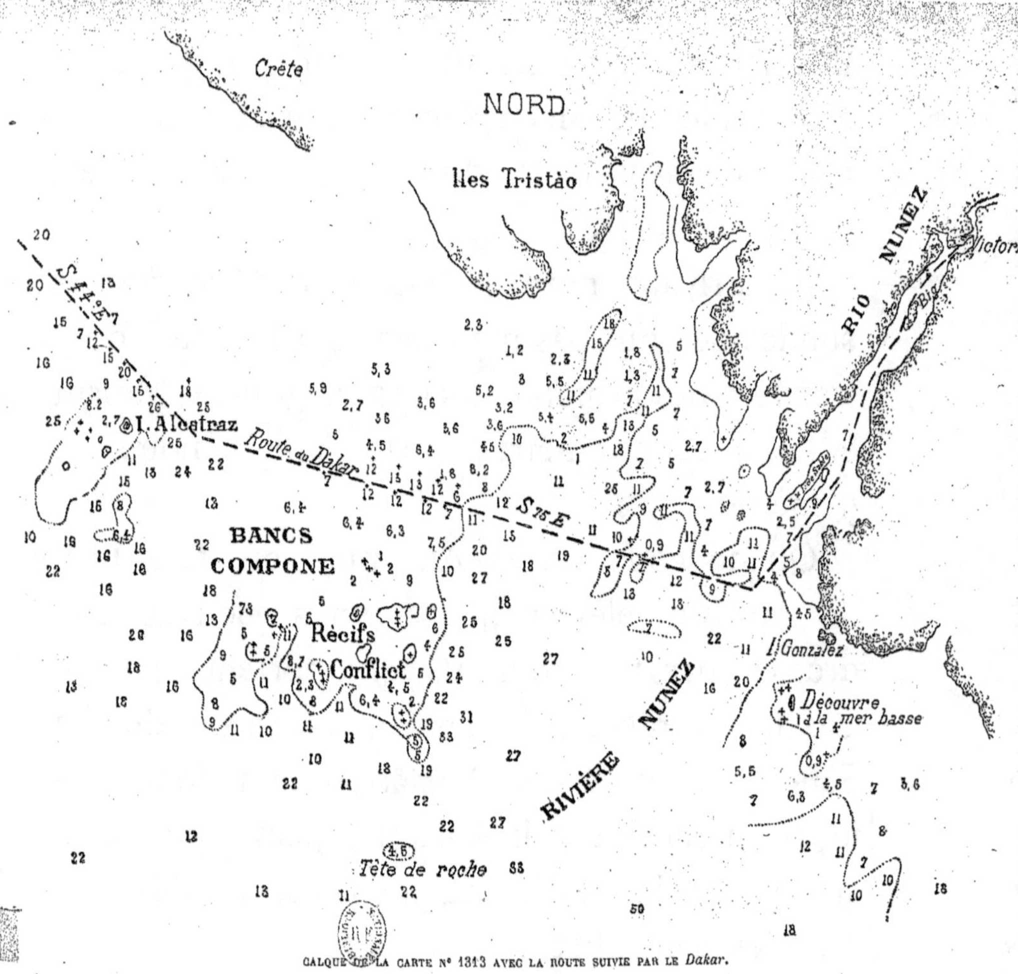

CALQUE DE LA CARTE N° 1313 AVEC LA ROUTE SUIVIE PAR LE *Dakar*.

Les sondes surmontées d'un + ont été trouvées par ce bateau pendant plusieurs voyages. (J. BOUTEILLER, 1889).

et 15 mètres. A mer basse, on verra un banc de 5 à 6 mètres dans le nord des récifs Conflicts; j'ai souvent vu les brisants de ces récifs.

Le Sud 75° Est que je donne fera atterrir dans l'Ouest de l'île Gonzalez. On se mettra à la distance que j'indique pour donner dans le Rio-Numez.

Cette route en dedans d'Alcatraz et des Conflicts ne se fait que de jour; aussi je suis obligé d'y mouiller quand j'y suis surpris par la nuit. Je l'ai suivie environ quinze fois; elle m'a toujours fait gagner du temps sans aucun accident. Je n'y ai jamais trouvé moins de 7 mètres d'eau.

D'après mes relèvements, le banc de Compony serait déplacé vers le Nord-Est du monde.

Ci-joint le calque de la carte française n° 1313 avec la route suivie par le *Dakar* d'Alcatraz à l'entrée du Rio-Numez en passant entre les Conflicts et la grande terre.

Les sondes marquées en rouge sont les fonds que j'ai trouvés chaque fois que j'ai passé par cette route.

ALCATRAZ

CHAPITRE XIII

ALCATRAZ

A 1 mille dans l'Est d'Alcatraz vous trouverez de 22 à 27 mètres.d'eau.

Je suis descendu deux fois sur l'île. La première fois, j'allais chercher des échantillons de guano.

J'y fis la triste découverte des cadavres des quatre noirs morts de faim au pied du drapeau français dont ils avaient la garde. La seconde fois, quarante-cinq jours après, j'y descendis pour leur faire donner la sépulture. Je profitai de cette seconde visite dans l'île pour en faire la topographie que je remis au Directeur de l'intérieur à Saint-Louis.

Le débarquement sur l'île se fit, la première

fois, sans encombre; la seconde fois, ce fut plus difficile, la mer étant un peu grosse.

La concession des gisements de guano des îles Alcatraz a été faite, en novembre 1888 à la Compagnie française de l'Afrique occidentale. J'estime que l'île ne donnera pas plus de 3 à 400 tonnes de guano.

La qualité de ce guano doit être très inférieure, attendu que, dans la saison des pluies, il est lavé. Il n'en reste qu'une petite partie par suite des nombreuses crevasses et fissures des rochers.

En mai, moment de la pondaison, l'île d'Alcatraz est couverte d'une quantité innombrable d'oiseaux, que les marins ont appelés du nom de « fous ». Lors de ma première descente sur l'île, il y en avait tellement qu'il fallait se frayer un chemin avec un bâton. Les œufs et les jeunes oiseaux fraîchement éclos couvraient toute la surface du sol. Les gros oiseaux ne se dérangeaient pas sur notre passage.

Les cadavres des quatre noirs, dont j'ai parlé plus haut, étaient momifiés et à demi ensevelis dans le guano; la mort remontait à environ deux mois.

A mon second voyage, l'aspect d'Alcatraz

avait complètement changé. Il y restait encore beaucoup de guano, mais la pluie avait enlevé le meilleur et l'avait entraîné dans les crevasses étroites et profondes des rochers.

N'essayez jamais de passer dans l'Ouest d'Alcatraz avec un navire, à moins de 5 à 6 milles.

DE BOULAM AU RIO-NUNEZ

PAR LE CHENAL " ORANGO "

CHAPITRE XIV

DE BOULAM AU RIO-NUNEZ PAR LE CHENAL

"ORANGO"

Si vous optez pour le chenal Orango, le large de Polon et des Conflicts, mettez le cap au Sud 25° Ouest du monde, quand vous aurez fait 5 milles au Sud-Ouest et que vous aurez passé le parallèle de la pointe Lawrence; puis, quand vous serez sur le parallèle de la pointe Barel, à environ 1 mille 1/2, prenez la route au Sud 40° Ouest du monde.

Quand vous aurez la partie Nord de Jamber Est et Ouest du monde, prenez le Sud 21° Ouest du monde. Si c'est la nuit, et que vous perdiez Polon de vue, faites 20 milles à l'aire de vent indiquée, puis prenez le Sud 55° Est du monde et faites 56 milles à cette aire de vent. Tenez bien compte des courants; comptez 2 nœuds à l'heure, portant au Nord-Est avec le flot et au Sud-Ouest avec le jusant.

Voici ma route de nuit, avec le courant de flot calculé Sud 45° Est du monde.

Cette route me met toujours en grande marée, à 5 ou 6 milles Sud du brisant le plus Sud des Conflicts. Chaque fois que je suis passé dans le Sud des Conflicts, j'ai cherché la tête de roche marquée sur la carte n° 1313 par 17° 25′ de longitude Ouest et 10° 16′ de latitude Nord; je n'ai jamais rien trouvé.

Après avoir fait 56 milles à l'aire de vent indiquée, mettez le cap au Nord 60° Est du monde. Si vous naviguez de nuit, ne faites que 15 milles et attendez le jour pour reconnaître le cap Verga. Si, après avoir fait les 15 milles précités, le cap est embrumé, ce qui arrive souvent, dirigez-vous au Nord, 35° Est du monde et allez reconnaître Gonzaley.

Voici un extrait, mot pour mot, d'une de mes notes :

» A onze heures du soir, j'étais Nord et Sud du « monde avec Polon à environ 14 milles, par « un beau clair de lune. Je fis 40 milles au Sud

« 61° Est du monde ; vitesse estimée, 9 nœuds.

« A trois heures et demie du matin, je changeai
« de route.

« Je devais faire le Nord 60° Est du monde,
« mais je craignis les courants du flot que j'a-
« vais eus durant presque toute ma route Sud
« 61° Est.

« Au lieu de prendre alors le Nord 60° Est, je
« gouvernai pendant trois quarts d'heure au
« Nord 75° Est du monde.

« Je fus considérablement porté à l'Est.

« A l'avenir. quand le jusant vous prendra
« sur la route du Sud 61° Est, suivez Nord 60°
« Est du monde aussitôt après avoir fait les 40
« milles de la route de Polon aux Conflicts. »

ENTRÉE DU RIO-NUNEZ

CHAPITRE XV

ENTRÉE DU RIO-NUNEZ

(CARTE N° 1181)

Le Rio-Nunez ne présente pas de barre, comme le dit très bien M. Coffinières de Nordeck dans ses renseignements; mais les courants y sont très violents, et le mieux est de les avoir pour soi. On peut y arriver avec une combinaison de marées.

Sur le parallèle du cap Verga, à une quinzaine de milles dans l'Ouest, le courant du flot porte au Nord-Nord-Est de 2 milles à l'heure et le jusant au Sud-Sud-Ouest avec la même vitesse.

En suivant les routes que j'ai données, vous verrez bientôt des arbres surgir de l'eau par tribord devant : c'est Gonzalez.

Un relèvement de cette île avec le cap Verga vous guidera. Toutefois, n'ayez qu'une confiance très limitée dans le relèvement du cap Verga, car sa pointe disparaît à une distance de 10 à 12 milles derrière l'horizon.

Dans le Sud-Ouest de l'île Gonzalez existe un plateau de roches, marqué sur les cartes et dont les récifs figurent comme découverts.

Ne comptez jamais sur cette indication, car on ne voit ces récifs qu'à marée basse; ils ne brisent même pas toujours à marée haute.

Les relèvements de la pointe Dapierre, facile à reconnaître par son bouquet d'arbres, vous permettront de voir si vous êtes sur le parallèle de Gonzalez, à 6 milles 1/2 dans l'Ouest; mettez alors le cap au Nord 42° Est du monde, sans crainte de toucher nulle part, même avec un navire calant 5 mètres.

En passant dans le Nord 5° Ouest du monde de la pointe Bincer, on pourra voir à marée basse, quelquefois même à mi-marée, la mer brisée à 1 mille dans l'Ouest de l'île Bénari. A ce moment, vous aurez la pointe Dapierre dans le Nord 60° Est du monde et le brisant situé sur le bord du chenal dans son Sud-Ouest sera sur la ligne du navire à la pointe Dapierre. On peut passer près de ce brisant dans l'Ouest : il y a 7 mètres d'eau à sa base.

Le relèvement de la pointe Dapierre est, je crois, très médiocre ; mais les trois arbres du village du Petit-Talbouche donnent un très bon relèvement.

Ne comptez pas sur la bouée, elle n'existe que sur la carte.

Lorsque vous serez sur le parallèle de la pointe Dapierre, à 1 mille dans l'Ouest, c'est-à-dire l'île de Sable, par les trois arbres du Petit-Talbouche, mettez le cap au Nord 30° Est du monde, en tenant l'île de Sable 1 quart 1/2 ou 2 quarts par bâbord et en ouvrant au fur et à mesure que vous approchez. Les courants du flot et du jusant suivent le lit du canal avec une vitesse qui peut être évaluée à 3 nœuds en marée.

Vous pouvez mouiller à 400 mètres dans l'île de Sable ; même pendant les tornades, la tenue est très bonne :

Du mois de mars au mois de mai, il y a une grande quantité d'oiseaux de mer. Si vous voulez manger de bonnes bécassines et de bons courlis, descendez-y avec un fusil le soir, au coucher du soleil.

Vous pouvez faire les carènes dans le nord de l'île, bien que les courants rendent ce travail un peu difficile.

Quand vous aurez l'île de Sable par le travers, venez sur bâbord en tenant la pointe Malouine 2 quarts par bâbord, et, quand vous serez par le travers de cette dernière, conservez le milieu du fleuve.

Quand vous verrez l'île Longue ou île du Diable, gouvernez dessus. En la laissant à bâbord, vous passerez à 100 mètres de sa partie Est. Dès que vous l'aurez passée, mettez le cap sur le poste de douane de Victoria. Venez mouiller ce poste, mais pas par moins de 6 mètres à mer basse et 10 mètres à mer haute. Vous êtes toujours obligé de mouiller ou de vous arrêter à Victoria pour faire viser la patente de santé.

Le douanier vient à bord aussitôt que vous êtes mouillé ; il est à la fois agent sanitaire et agent des postes ; c'est à lui que vous devez remettre les lettres si vous en avez.

Je suis souvent rentré dans le Rio-Nunez, du mois de janvier au mois d'avril, avec des brumes très épaisses, en suivant les routes que j'ai données.

Ainsi, quand je vais au Rio-Pongo, je quitte ordinairement Victoria vers cinq heures du soir et je viens mouiller dans l'Est de l'île de Sable ; à minuit, j'appareille, afin d'être au jour à l'entrée du Pongo.

Quelquefois, la nuit est très noire et il tombe beaucoup d'eau ; on ne peut rien distinguer. Connaissant la vitesse du courant, je fais 3 milles à la route que j'ai indiquée Sud 30° Ouest du monde ; je prends ensuite le Sud 42° Ouest du monde et fais 6 milles à cette aire de vent ; puis je mets le cap au Sud du monde et fais 9 milles dans cette aire de vent. Une fois cette distance parcourue, je suis complètement en dehors du Rio-Nunez.

Je n'ai jamais rien éprouvé de bien fâcheux en sortant du Rio-Nunez.

Je ne dois cependant pas cacher ce qui m'est arrivé une fois près de l'entrée de ce fleuve, et je reproduis ici un extrait du rapport que j'ai adressé au directeur de l'intérieur à Saint-Louis, le 6 janvier 1889.

« Le 27 décembre 1888, à minuit, j'appareil-« lais de Sierra-Leone pour retourner à Saint-« Louis. Je passais en Mellacorée, aux îles de

« Los et au Rio-Pongo sans avoir rien de parti-
« culier à signaler.

« Le 29, à trois heures et demie de l'après-midi,
« j'étais Nord et Sud du monde avec le cap
« Verga à une distance estimée à 7 milles
« environ ; il était très difficile, à cause du
« brouillard, de se rendre exactement compte de
« la distance.

« Depuis la barre de Rio-Pongo, je faisais le
« Nord 60° Ouest du monde, route que je sui-
« vais ordinairement depuis deux ans et qui
« m'avait toujours bien réussi.

« A cinq heures, je fis changer de direction et
« pris le Nord 30° Ouest du monde. Cette route
« devait me faire passer à 4 ou 5 milles dans le
« Sud des roches de Gonzalez.

« A 5 heures 1/2, je fis sonder : pas de fond !

« Le sondeur resta à son poste et, à partir de
« 5 heures 40, la sonde accusait toujours de 12
« à 15 mètres ; j'étais tranquille, car, d'après mon
« po int, c'était le fond que je devais avoir.

« Le brouillard augmentait à mesure que la
« nuit tombait. J'apercevais l'île Gonzalez au
« Nord 10° Est du monde ; mais la distance
« n'était pas appréciable. La sonde accusait tou-
« jours 11 et 12 mètres.

« J'entendis tout à coup le sondeur crier :
« 7 mètres ! Je fis immédiatement mettre toute
« la barre à bâbord. Le sondeur cria de nouveau
5 mètres et, une minute après, 3 mètres. Presqu'au même instant, une forte secousse arrê-
« tait le navire.

« J'étais échoué sur le plateau de Gonzalez,
« dans le Sud 15° Est du rocher qui découvre à
« une distance de 3 milles.

« J'eus beau faire machine en arrière, la mer
« baissait, il fallait rester là.

« Pendant tout le temps que nous nous effor-
« cions de sortir le navire de cette fâcheuse
« position, il donnait de forts coups de talon,
« qui l'ébranlaient considérablement et faisaient
« craindre un sinistre, car la sonde accusait
« des roches dures.

« A onze heures du soir, le *Dakar* était
« presque à sec, et je pus constater que le fond
« était une couche de pierre ferrugineuse, recou-
« verte d'un sable vaseux, comme celle que l'on
« voit à Dakar.

« A trois heures du matin, la mer avait déjà
« bien monté et la houle qui prenait le navire
« par bâbord le faisait de nouveau talonner.
« Tout le monde était à son poste ; équipage et

« passagers rivalisaient de zèle à la manœuvre
« pour sortir l'aviso de cette dangereuse position.

« J'avais fait mouiller des ancres à jet avec
« de fortes aussières par derrière, dans la direc-
« tion opposée au courant. Tout en faisant
« machine en arrière, je fis embarquer les aus-
« sières, l'une sur un treuil à vapeur, l'autre par
« cinquante hommes. Mais la mer n'était pas
« encore assez haute, je fus obligé d'arrêter et de
« stopper. Les coups de talon étaient tellement
« forts à ce moment que je crus que mon pauvre
« *Dakar* allait y rester.

« Je fis recommencer la manœuvre des aus-
« sières en faisant machine en arrière, le plomb
« de sonde à la main. Je constatai avec joie que
« le navire culait à chaque coup de talon.

« Il partit tout à coup comme une flèche :
« nous étions à flot !

« Je fus obligé de sacrifier mes deux ancres à
« jet avec quelques vingtaines de mètres d'aus-
« sière, car la nuit était tellement noire et la
« brume tellement épaisse qu'en cherchant à les
« dégager avec le navire je risquais de tomber
« sur quelque nouveau danger.

« La conduite de mon équipage, au point de
« vue du zèle et de l'obéissance, a été fort belle

« dans cette affaire. Je dois particulièrement
« signaler mon second, M. Oger, qui n'a pas
« hésité, malgré le danger, à aller parmi les
« brisants avec les embarcations pour mouiller
« les ancres à jets.

« CAUSES DE L'ÉCHOUAGE. — J'avais embarqué
« à Conakry 9 tonnes de fer, que javais logées
« dans la cale arrière ; mais rien ne me faisait
« prévoir une erreur de compas. Mon atterris-
« sage le matin au Rio-Pongo ne m'avait pas
« permis de le constater, par cette raison que la
« brume était si épaisse que j'étais rentré à la
« sonde sans voir la terre : on n'y voyait pas à
« plus de 1/2 mille.

« Je voulus cependant m'assurer, après mon
« départ de Rio-Pongo, en passant Nord et Sud
« de Verga, s'il existait une erreur. Je voyais à
« peine le cap Verga ; je ne pus donc pas dissiper
« mes doutes. D'après mon estimation, j'étais
« arrivé nord et sud avec lui.

« Il m'était impossible de faire des azimuths.
« Je ne pouvais donc nullement m'apercevoir
« d'une erreur de compas, et pourtant cette
« erreur existait.

« Ce ne fut que le lendemain de mon échouage
« que je pus la constater.

« Ma première route au Nord 60° Ouest ne
« donnait qu'une faible erreur ; mais, lorsque je
« changeai de route pour me rapprocher du Nord,
« l'erreur était considérable. Au Nord 30° Ouest,
« il y avait 8° Nord-Est.

« Telle est la cause de mon échouage sur le
« plateau de Gonzalez.

« NÉCESSITÉ DE BALISAGE. — Au moment de
« mon échouage, la mer était toute haute ; elle
« ne brisait pas sur les récifs. Malgré le brouil-
« lard, qui à ce moment n'était pas très épais, si
« elle avait brisé, j'aurais vu le brisant et je ne
« me serais pas échoué.

« S'il y avait eu une balise sur le récif ou une
« bouée mouillée dans le sud du plateau, je ne
« me serais pas échoué non plus.

« Tous les ans, quelques bateaux touchent à
« cet endroit. L'année dernière, c'était le *Sousou*,
« vapeur anglais, puis un grand côtre qui y a
« perdu son gouvernail, sans compter les autres
« qui y touchent et qui ne le disent pas !

« La navigation des rivières du Sud est très
« difficile par ce fait qu'il n'existe aucun point de
« repaire à l'entrée des rivières, pas un feu, pas
« une balise, rien. Il est donc de toute nécessité,
« surtout à l'entrée du Rio-Nunez, de placer une

« bouée à la queue Sud du plateau ou une balise
« sur le récif.

« Insistez, monsieur le directeur, auprès du
« commandant de la marine pour qu'il fasse
« placer une bouée ou une balise à cet endroit.
« La sécurité publique l'exige.

« Tous les officiers de marine qui connaissent
« les rivières du Sud diront comme moi. J'ai
« parmi eux de bons amis, commandants
« d'avisos, et j'ai souvent eu l'occasion de leur
« en parler. »

Bord du Dakar, le 6 janvier 1889.

Cet extrait de mon rapport montrera aux
marins qu'il faut toujours se tenir sûr ses gardes.

DE VICTORIA A BEL-AIR

CHAPITRE XVI

DE VICTORIA A BEL-AIR

Si vous voulez monter à Bel-Air, il faut partir de Victoria deux heures avant la pleine mer. Ne montez pas sans pilote, car la rivière est semée de bancs de roches et de nombreuses épaves, qui rendent la navigation très difficile.

Je ne donnerai ici ni alignement ni remarque pour monter à Bel-Air : cela ne ferait qu'embrouiller celui qui y va pour la première fois. Je me contente de fairé aux capitaines la recommandation suivante :

En arrivant près de l'épave que l'on rencontre immédiatement après avoir passé devant le village de Kassacobouly, c'est-à-dire en tournant le coin qui vous fait voir l'appontement de Bel-Air, laissez cette épave par tribord en montant la rivière et passez le plus près possible de terre, le flanc du navire à quelques mètres seulement de a berge; car, à marée basse il n'y a que $1^m,50$ d'eau au milieu entre l'épave et la berge, tandis qu'à toucher terre il y a 4 mètres aux plus basses mers.

Les pilotes sont généralement disposés à vous proposer de vous faire passer de l'autre côté, c'est-à-dire de laisser l'épave par bâbord en montant. Je suis passé une fois seulement de ce côté avec le *Dakar* à mer haute, mais je ne veux plus y passer.

N'écoutez pas les pilotes et laissez toujours l'épave par tribord en montant et par bâbord en descendant la rivière.

Lorsque vous aurez dépassé l'épave de 100 ou 200 mètres, vous pouvez venir sur tribord, et, à 400 mètres, prendre le milieu du fleuve si vous le voulez; mais il y a de l'eau tout le long de la rive droite jusqu'à l'appontement de la maison de la Compagnie française de l'Afrique occidentale.

Vous pouvez mouiller au bout de cet appontement au milieu du fleuve.

Entre l'appontement et la factorerie Blanchard

et Cie se trouve un banc de roches sur la rive droite ; aussi, si vous voulez mouiller en face de cette factorerie, approchez-vous de la rive gauche.

La chaleur est accablante à Bel-Air pendant l'hivernage.

Les berges sont très rapprochées et formées d'une vase malsaine. La mer y marne de 6 à 7 mètres en marée ; l'eau est douce une partie de l'année, mais je ne conseille pas d'en boire, à cause de la grande quantité de microbes qu'elle contient.

Vittoria est plus aéré que Bel-Air, sans cependant être plus sain ; on y trouve d'excellente eau douce.

DU RIO-NUNEZ AU PONGO

CHAPITRE XVII

DU RIO-NUNEZ AU PONGO

Le trajet de Bel-Air à Boké est parsemé d'écueils ; les avisos n'y montent pas.

J'ai donné, dans le chapitre précédent les routes à suivre pour sortir du Rio-Nunez à partir de l'île de Sable. Je donnerai donc ici les routes à partir du méridien Nord du plateau de Gonzalez jusqu'à l'entrée du Pongo, en mentionnant mes observations faites sur ce parcours.

Après avoir contourné le plateau, venez vous mettre à 15 milles dans le Sud du monde de l'île de Gonzalez ; vous serez par des fonds de 15 à 18 mètres. Là, le flot porte plutôt au Nord qu'au Nord-Est, mais le jusant porte en plein au Sud-Sud-Ouest ; vitesse, 2 nœuds 1/2 environ.

Le cap Verga rester dans l'Est, à 12 milles; à cette distance, on n'apercevra pas très bien encore son extrémité Sud.

A partir du point indiqué, faites le Sud 60° Est du monde. Cette route vous fera parer le banc qui se trouve à 7 milles dans l'Ouest du cap Verga.

Ce banc, qui présente sur la carte n° 1181 une langue de 1 mille de large dans toute sa longueur, a aujourd'hui, à sa partie Sud, 3 milles, de large; cette partie Sud ne dépasse pas le parallèle Ouest du cap Verga. A la partie la plus Ouest de ce banc, les sondes, qui accusent sur la carte précitée 9^{m}7, 8^{m}1, 8 9, donnent aujourd'hui 4 mètres à mer basse.

Ce banc s'est donc élargi de 1 mille 1/2 vers l'Ouest et d'environ un demi-mille dans l'Est.

Quand, sur la route Sud 60° Est du monde, vous arriverez sur le méridien Sud du cap Verga, comptez sur des courants portant au Nord-Ouest avec le flot et au Sud-Est avec le jusant, avec une vitesse de 2 milles à l'heure, jusqu'à l'entrée de la barre de vase.

Quand vous serez dans le Sud-Ouest de la barre de vase, les courants vous porteront au

Nord-Nord-Ouest avec le flot et au Sud-Sud-Est avec le jusant.

Faites 33 milles à l'aire de vent indiquée, après quoi vous vous trouverez au Sud 50° Ouest du monde du Mont Mayoudi facile à reconnaître.

J'engage les capitaines qui vont pour la première fois au Rio-Pongo à mouiller après avoir fait les 33 milles indiqués, quand ils relèveront Mayoudi au Sud 50° Est du monde, en cherchant des fonds de 9 à 10 mètres. Il faut ensuite baliser la barre.

Le Rio-Pongo offre deux entrées : l'entrée de la barre de sable, la plus à l'Est; et celle de la barre de vase, à l'Ouest.

Je donne ici une vue de l'entrée de la barre de sable, avec l'alignement du second monticule et le bouquet d'arbres de la pointe que je nomme la pointe des Contrebandiers sur mon croquis.

Il est de beaucoup préférable, selon moi, de ne jamais chercher à passer par la barre de vase ; la barre de sable vaut beaucoup mieux.

Je ne donnerai pas mes routes d'entrée dans le Rio-Pongo ; cela est impossible, à cause des courants ; mais je vais donner un alignement excellent, que j'ai trouvé après douze voyages, c'est-à-dire après vingt-quatre entrées et sorties avec le *Dakar*, calant 3 mètres, à toutes heures de la marée. Il n'y a qu'à la marée de mars 1889 que je fus obligé d'attendre : il n'y avait que 2 mètres d'eau sur la queue des deux bancs qui forment la passe.

Après ces douze voyages de tâtonnement, je suis passé sur la barre du Rio-Pongo quarante-deux fois, toujours avec le *Dakar*, sans toucher, en suivant l'alignement que je viens d'indiquer.

Passez toujours la barre du Rio-Pongo après deux heures de flot au moins.

Je joins ici un calque de la carte de l'embouchure du Rio-Pongo, n° 2827.

A partir du mouillage que j'ai indiqué plus haut, gouvernez sur Mayoudi en le tenant ouvert de 2 quarts par bâbord jusqu'au moment où vous relèverez la pointe Jilli au Nord 23° Ouest du monde, avec les alignements tracés et les bancs corrigés d'après mes sondes faites le bateau en marche.

Regardez la vue que je donne de l'entrée du Rio-Pongo avec les points me servant d'alignement.

Le point A est le second mamelon de la chaîne Mayoudi à partir du Nord-Ouest, c'est-à-dire le mamelon qui se trouve entre Mayoudi et

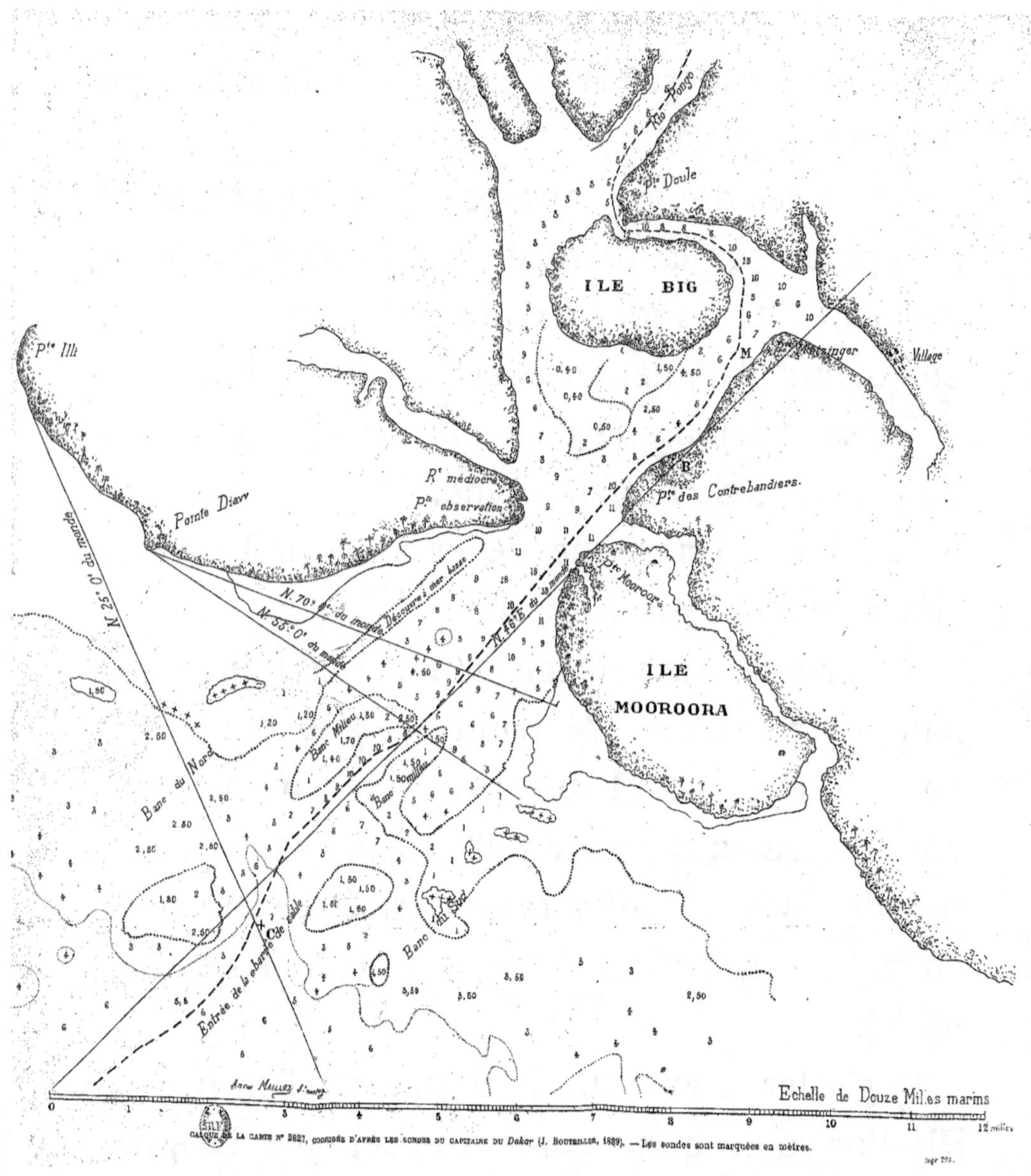

Rio Fongo
Pte Doule
ILE BIG
Pte Illi
Messinger
Village
M
B
Pte des Contrebandiers.
Pointe Diavv
Re médiocre
Pte observation
Pte Moroora
ILE
MOOROORA
N. 25° O. du morde
N. 70° et. du morde Découvri à mer basse
N. 55° O. du morde
N. 65° E. du mi morde
Banc du Nord
Banc Milieu
Banc
Banc
Cte de sable
Entrée de la ch. de sable
Banc du Sud
Echelle de Douze Milles marins
0   1   2   3   4   5   6   7   8   9   10   11   12 milles
CALQUE DE LA CARTE Nº 2827, CORRIGÉE D'APRÈS LES SONDES DU CAPITAINE DU Dakar (J. BOUTEILLER, 1889). — Les sondes sont marquées en mètres.

le dernier à gauche. Quand ce monticule sera caché par les palétuviers de la pointe Mooroora, vous n'en aurez plus besoin.

Le point B est un bouquet d'arbres que vous reconnaîtrez facilement, car il est plus élevé que les autres dans cette partie. D'un autre côté, la pointe Mooroora sera légèrement sur l'alignement, comme on pourra le voir sur le calque.

Le point C est l'endroit où vous devrez chercher à prendre l'alignement A B.

Sur mon calque, je donne des noms aux points qui n'en ont pas sur la carte n° 2827.

L'appareillage se fait, comme de juste, avec flot.

Ayez bien soin de ne pas vous laisser porter sur le banc du Nord. A mesure que les fonds diminuent, appuyez sur tribord, sans cependant dépasser le Sud 45° Est de Mayoudi.

Quand vous serez sur la ligne du Nord 23° Ouest de la pointe Jilli, au point C, venez prendre l'alignement du mamelon le plus près du Mayoudi et à sa gauche par le bouquet d'arbres qui passe par-dessus la pointe de Mooroora, à l'endroit marqué B sur le calque. Tenez bien cet alignement jusqu'à ce que vous ayez la pointe Diaw dans le Nord 70° Ouest du monde ;

mais, si le fond diminue en passant dans le Sud 55° Est de cette pointe, venez un peu sur tribord. Gouvernez ensuite sur la pointe des Contre-bandiers et passez à 50 mètres environ d'elle, longez la terre jusqu'au point M, de la pointe Metzinger, à la même distance. Coupez ensuite le fleuve en venant sur l'île Big. Suivez enfin la route que j'ai tracée sur le calque, il n'y a rien à craindre. Je vous recommande seulement de passer bien près de la pointe Doule, car, si vous arrondissez trop loin, vous tomberez sur le banc qui se trouve à 200 mètres dans l'Ouest de cette pointe.

En tournant la pointe Doule, vous verrez le poste de Boffa ; gouvernez dessus en conservant de préférence la rive gauche du fleuve. C'est devant ce poste, à 50 ou 60 mètres de terre, qu'il faut venir mouiller. Si toutefois vous avez besoin de vous trouver en face de la factorerie de la Compagnie française, qui est sur la rive gauche, mouillez à 100 mètres au bout du wharf.

Vous pouvez également aller mouiller en face du village de Domingha, par 14 et 15 mètres de fond.

Comme je l'ai déjà dit, il est préférable de rentrer au Rio-Pongo avec le flot. Mais, si vous êtes obligé de rentrer avec le jusant, venant du Nord-Ouest, venez tout de suite chercher le point C, en arrondissant à la sonde le banc nommé banc du Nord. Gouvernez bien ensuite dans l'alignement des points A et B.

Pour sortir du Rio-Pongo, suivez les mêmes routes qu'à l'entrée. Tenez bien l'arrière du navire dans l'alignement AB. C'est à partir du point C que les courants rentrent dans le fleuve avec le flot, en ne portant plus que très légèrement sur bâbord.

De la pointe des Contrebandiers au point C, le courant sort avec le jusant en portant légèrement sur bâbord au fur et à mesure qu'on se rapproche davantage de ce point.

De l'île de Big jusque par le travers du point B, il y a un banc de vase sur lequel il n'existe que quelques centimètres d'eau.

Du mois de décembre au mois de mai l'entrée du Rio-Pongo est souvent environnée de brume le matin et le soir. Ces brumes se dissipent ordinairement vers dix ou onze heures et le temps permet alors de voir les alignements. Il n'en est pas de même par un temps de pluie; ce n'est qu'en s'approchant les sondes à la main qu'on arrive à apercevoir la pointe de Mooroora. On peut rentrer avec cette pointe en se tenant dans son Sud 45° Ouest du monde. Tâchez, dans ce cas, de prendre connaissance du brisant que les pilotes nomment banc du Nord. A mi-marée, ce banc ne brise plus.

Quand vous aurez vu ce brisant, mettez-vous dans son Sud avant de prendre le Nord 45° Est du monde.

Vous distinguerez le brisant du Nord de celui du Sud, à cette remarque : le premier brise en montant de l'Est à l'Ouest; le second brise du Sud au Nord.

Si vous échouez sur la barre de Pongo, ne mouillez jamais l'ancre de bossoir car le changement de courant risque fort de vous faire défoncer dessus. Envoyez sonder autour du navire et mouillez une ancre à jet avec une bonne aussière dans la direction de l'endroit où il y aura le plus d'eau. Dégagez-vous avec cette aussière et l'aide de la machine.

Un voilier ne doit jamais chercher à passer la barre du Pongo qu'à marée haute.

Si, en arrivant en vue de la barre, vous prevoyez une tornade, restez au mouillage en dehors à moins que vous n'ayez le temps de passer avant qu'elle n'arrive. Comme au Sénégal, les tornades viennent de l'Est ou à peu près ; elles sont parfois très fortes.

La passe est très étroite, comme on peut le voir sur le calque, mais il y a néanmoins beaucoup d'eau ; j'y ai trouvé jusqu'à 12 mètres à mer haute. Une fois la passe trouvée, il est facile de s'y maintenir avec la sonde.

Il n'en est pas de même dans les parages du point C ; c'est l'endroit où il y a le moins d'eau. Il ne faudra pas vous étonner d'y trouver, après deux heures de flot, 6, 5 et même 4 mètres. Quand vous trouverez 4 mètres, c'est que vous serez dans la mauvaise route. Faites alors en sorte de retrouver les fonds de 6 mètres.

La mer marne d'environ 3 mètres sur la barre.

Vue du large, l'entrée du Rio-Pongo représente une forte haie d'arbustes en pleine végétation dans laquelle on aurait fait une large brèche.

La pointe Observation est taillée à pic ; c'est la pointe de bâbord en entrant.

La pointe de tribord en entrant, celle que je donne sur mon croquis, vue des environs du point C, ne présente pas tout à fait le même aspect. Pour ne pas faire confusion, je donne cette entrée avec l'aspect des terres vues du voisinage du point C.

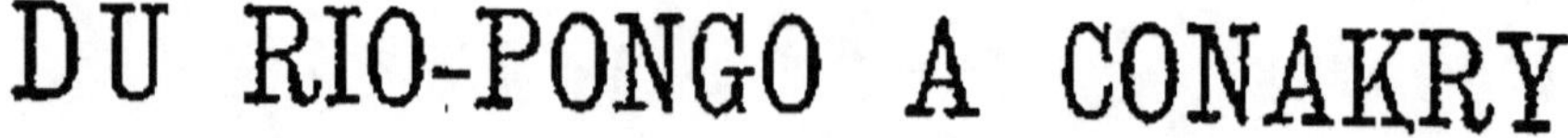

DU RIO-PONGO A CONAKRY

CHAPITRE XVIII

DU RIO-PONGO A CONAKRY

Quand vous serez en dehors de la barre du Rio-Pongo, par des fonds de 10 mètres dans le Sud 42° Ouest du monde de Mayoudi et à une distance de 7 milles de l'île Mooroora, prenez le Sud 42° Est du monde en tenant compte des courants qui, en s'approchant de l'île Kombomby, portent au Nord-Est avec le flot et Sud-Ouest avec le jusant. La vitesse du courant est de 1/2 nœud.

S'il fait clair, vous ferez très facilement la traversée du Pongo à Conakry, attendu que vous ne tarderez pas à apercevoir les îles de Los, montagnes très élevées,

Vous avez donc en vue, pour vous marquer la

route : les monts Mayoudi et Kakulimah, l'île de Tamara et, plus loin, l'île Factory.

S'il pleut ou s'il fait de la brume, faites 30 milles à l'aire de vent donnée.

La route que je viens d'indiquer devra être suivie seulement par les petits navires. J'indiquerai plus loin la route à suivre par les paquebots.

Quand vous aurez fait les 30 milles dont je viens de parler, vous serez près d'arriver, et, depuis une demi-heure, vous devrez avoir la sonde à la main. Si la brume est trop épaisse ou si vous ne connaissez pas l'endroit, ne rentrez pas dans l'archipel. Mais, si vous pouvez apercevoir la pointe nord de l'île Factory, gouvernez dessus en la tenant par tribord ouvert de 2 quarts. Marchez sans crainte, il n'y a pas moins de 9 mètres partout. Je n'ai jamais pu trouver les fonds de 3 mètres marqués sur la carte à 3 milles dans le nord de l'île Tamara.

Passez beaucoup plus près de la pointe nord de l'île Factory que de l'île Tumbo, c'est-à-dire à 3 quarts de mille de l'île Factory, et, quand vous serez en face de la maison du télégraphe, gouvernez sur la factorerie allemande que l'on voit; c'est la maison la plus au Sud.

Traversez en grand le canal et, si vous trouvez moins de 7 mètres, appuyez sur tribord un peu et approchez-vous de la pointe Sud de l'île Tumbo. D'ailleurs, quand vous serez arrivé là, à 600 mètres de terre, vous verrez une bouée mouillée dans le chenal. Venez alors en grand sur le bâbord et passez presque à la toucher ; elle se trouve juste en face de la maison du télégraphe. Quand vous avez le cap au Nord 20° Est à peu près, le bout du wharf de la factorerie française ouvert de 2 quarts par tribord, vous voyez une autre bouée à 300 ou 400 mètres de la première. Passez également à la toucher et allez mouiller à 400 mètres dans le prolongement du wharf.

Quand vous venez du Sud, tenez le milieu du chenal et, quand vous serez Est et Ouest de la pointe Tumbo, gouvernez sur le wharf en le tenant 2 quarts par tribord. A ce moment, vous verrez les bouées ; passez alors comme je l'ai indiqué.

Ayez bien soin de ne pas prendre la bouée du télégraphe pour une bouée de balisage. La bouée du télégraphe est très au large dans l'ouest du wharf de Conakry ; elle est peinte en noire et porte un petit guidon. Les autres sont tout près

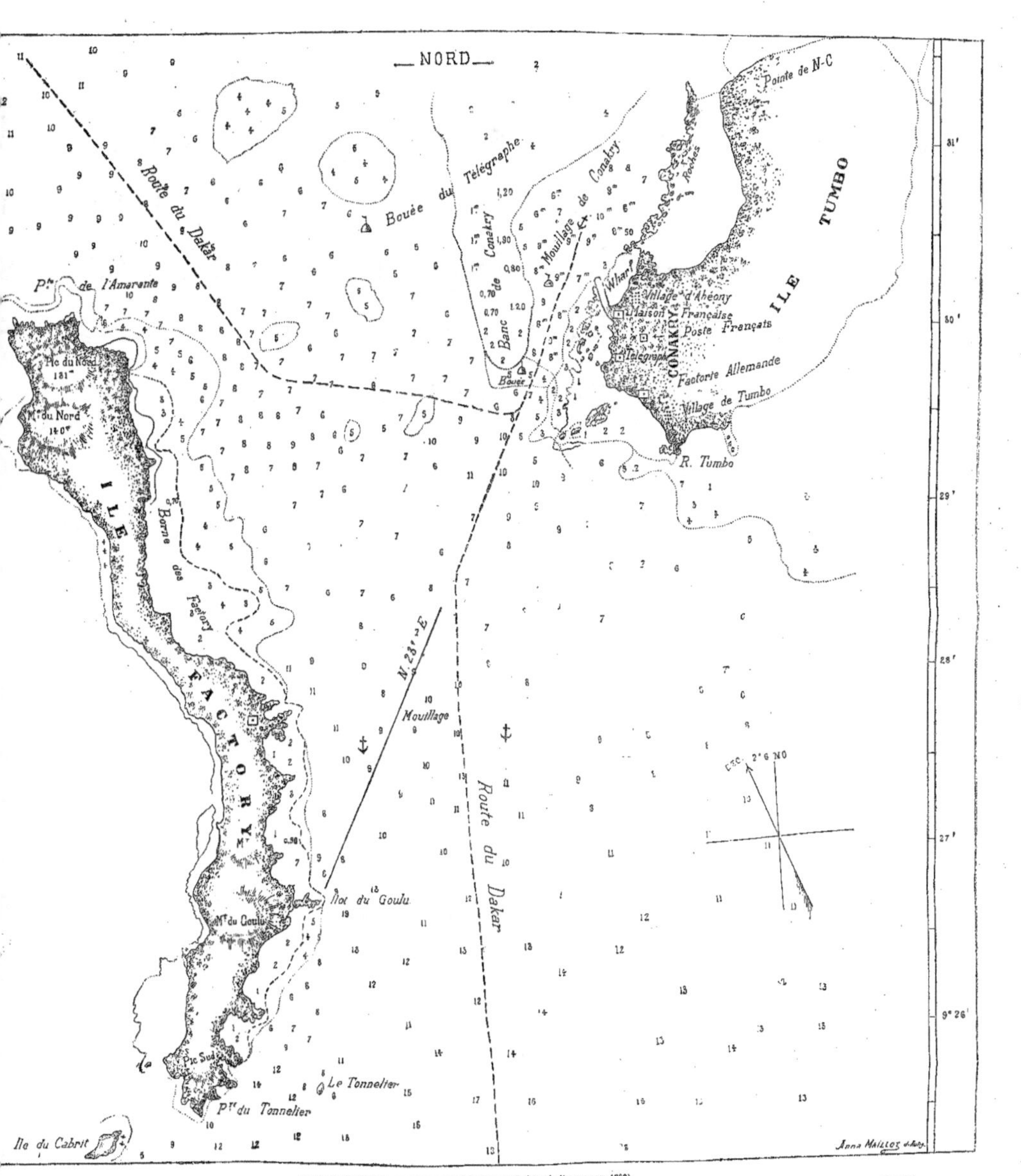

MOUILLAGE DE CONAKRY, DRESSÉ PAR LE CAPITAINE DU *Dakar* (J. BOUTEILLER, 1889).

de terre et n'ont pas de voyant; elles ont été mouillées par la factorerie française. Je donne ici le mouillage de Conakry, que j'ai fait d'après mes sondages et mes relèvements. Le banc de Conakry est bien tel que le porte le plan.

CHAPITRE XIX

MOUILLAGE DES GRANDS NAVIRES
A L'ILE FACTORY

Quand vous venez du Sud ou de l'Ouest avec un grand navire, passez dans le Sud des îles de Los.

Le côté Sud des îles est assez bon, mais il est inutile de passer trop près de Coral Island. Il ne faut pas oublier le rocher Cooper ou Tonnelier sur le méridien Est de la pointe de l'île Factory.

Venez vous mettre dans le Sud 20° Ouest de la pointe Tumbo et gouvernez dessus.

Quand vous serez dans l'Est de la factorerie Campbell, qui est à peu près le centre de l'île Factory, vous apercevrez une autre factorerie entourée de cases qui forment presque un

village; vous devrez trouver 12 mètres de fond
Vous pouvez vous approcher encore de la pointe
Tumbo; mais les fonds diminuent, vous tom-
bez tout de suite à 7 mètres.

Dans la belle saison, vous pouvez mouiller
très près de l'île Factory, dans cette partie Est
Mais, dans la saison des tornades, il faut vous
écarter de la côte et avoir de bonnes ancres et de
bonnes chaînes.

Il y a un bon courant dans le canal. Le flo
porte au Nord et le jusant au Sud, avec une
vitesse de 3 nœuds en marée.

Les navires calant 5 mètres peuvent très bien
aller mouiller à Conakry, en face la factorerie
française de la Compagnie de l'Afrique occidentale au bout de son wharf; il y a suffisamment
d'eau. La grande difficulté est de passer sur le
banc qui se trouve en face, dans l'Ouest de la
maison du télégraphe. Mais, en suivant bien le
chenal, on y trouvera, à mer haute, 7 mètres
d'eau. Partout ailleurs dans le chenal, en vous
approchant du wharf de la maison française,
vous trouverez 8 et 9 mètres d'eau à mer basse.
Je ne conseille cependant pas d'y aller, à moins
que le navire ne soit nécessaire à cet endroit pour
opérer un chargement ou un déchargement.

DE CONAKRY A DUBREKA

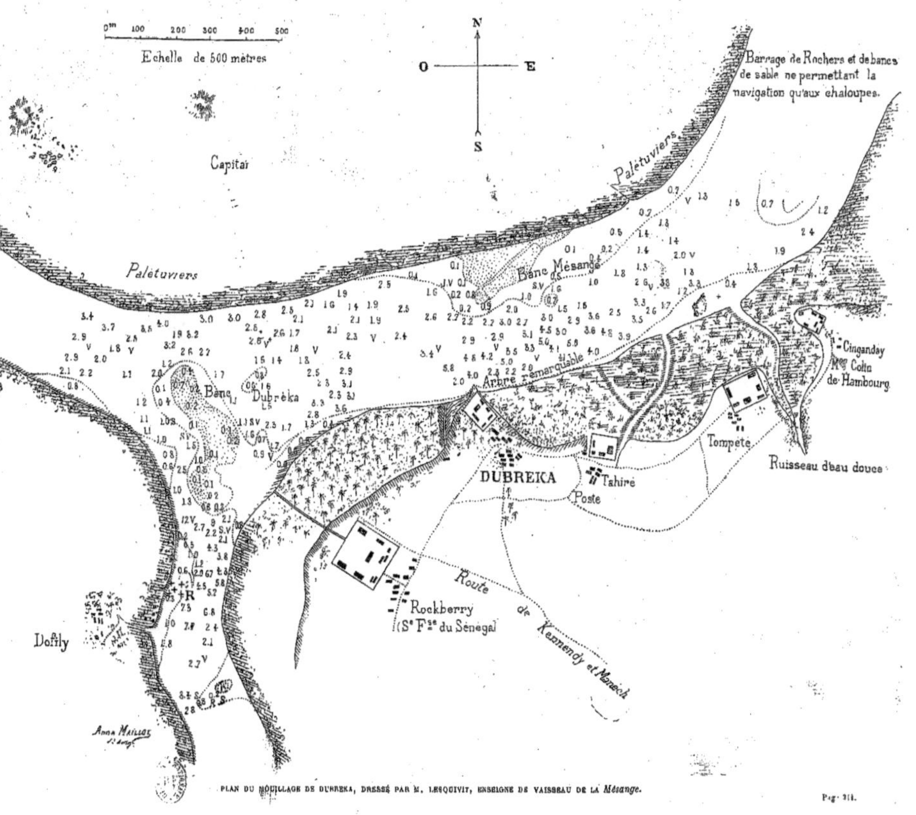

PLAN DU MOUILLAGE DE DUBREKA, DRESSÉ PAR M. LESQUIVIT, ENSEIGNE DE VAISSEAU DE LA *Mésange*.

CHAPITRE XX

DE CONAKRY A DUBREKA

Les avisos, de même que les navires marchands, sont appelés à rentrer dans la rivière Dubreka. Ne connaissant pas suffisamment cette rivière, je vais reproduire ici les renseignements qui m'ont été donnés par un lieutenant de vaisseau, commandant un aviso, et un plan du mouillage de Dubreka, dressé par M. l'enseigne de vaisseau Lesquivit, de la *Mésange*.

Passez à 1 mille environ du Nord de Tamara.

L'alignement des deux pointes Ouest de cette île donne la direction du banc dangereux qui se trouve à l'entrée.

Du Nord de Tamara, faites environ 2 milles 1/2 à l'Ouest et gouvernez sur la pointe Kombouby;

pas loin de cette pointe se trouve le village de Caudiah, le seul de la côte.

Longez la terre à 2 ou 3 milles en gouvernant au Nord 50° Est du monde sur un petit piton qui se détache bien au premier instant. Quand vous serez par le travers du village, venez sur tribord le cap sur le Kakulimah, ce qui fait presque le Nord 75° Est du monde. Venez, en vous rapprochant de terre, mettre le cap sur la pointe Sud de l'entrée de la rivière, pointé que vous rangez de très près (40 mètres).

Défiez-vous du grand banc de sable de la rive droite.

Vous pouvez tenir le milieu de la rivière jusqu'au confluent du Kenendi, et même jusqu'aux roches de débarquement dans la rivière devant les factoreries. L'endroit où vous devez ranger la rive bâbord en entrant, pour parer le premier rocher, est indiqué par une petite croix, très peu visible, dans les palétuviers; l'endroit où vous devez ranger la rive tribord en entrant, pour parer les secondes roches, est marqué par une sorte de bouée.

Le débarcadère se trouve à l'endroit où il y a un arbre facile à remarquer.

La mer marne de 5 mètres dans les grandes

marées. Le courant est très fort, surtout le jusant.

A Dubreka, il faut retrancher environ 7 h. 50 de la pleine mer de Brest pour avoir l'heure du plein.

DE CONAKRY A BENTY (MELLACORÉE)

CHAPITRE XXI

Pour sortir de Conakry, passez les bouées comme à l'entrée (si elles existent encore), mettant le cap sur la factorerie de l'île Factory. Puis, quand vous aurez la pointe de Tumbo à l'Est, vous ferez 15 milles au Sud 30° Est du monde. Faites ensuite le Sud 55° Est du monde, vous aurez alors le cap sur la pointe Sallahtook.

Venez vous mettre sur le parallèle Ouest de la pointe Bellangsang et dans le Nord et Sud du monde de l'île Matacong, facile à reconnaître. La pointe Bellangsang est la première pointe saillante après Sallhahtook, sur la rive gauche de la Mellacorée.

Du point indiqué, par des fonds de 6 mètres,

cherchez du regard le brisant qui se trouve à l'Ouest de la pointe Bellangsang, afin de venir passer à 100 mètres de lui en le laissant par bâbord en entrant. Gouvernez toujours sur Sallhahtook, et, quand vous passerez dans le Sud 65° Ouest du poste de Benty, venez sur bâbord, afin de prendre le brisant que je viens d'indiquer 2 quarts par bâbord ; s'il y a flot, ouvrez-le de 3 quarts. Ce brisant se voit même à mer haute : il est le seul dans cet endroit.

Lorsque vous en serez par le travers, mettez le cap sur la pointe qui est légèrement dans le Sud du parallèle du poste de Benty. Cette pointé est celle qui, sur la rive droite de la Mellacorée, forme l'entrée de la rivière Tannah ; elle se confondra avec celle qui forme l'entrée de la Mellacorée sur la rive droite et qui forme également l'entrée de la rivière Tannah.

Quand vous arriverez par le travers de cette pointe, sur laquelle vous venez de gouverner, vous passerez à 200 mètres d'elle.

Vous aurez la première balise presque par le travers de tribord. Arrondissez cette balise en la laissant sur tribord et mettez le cap de l'autre côté sur Benty, en laissant à bâbord la balise qui marque l'extrémité de l'autre banc de roches qui défend l'entrée de la rivière. Longez la côte de la rive gauche en arrondissant le wharf de la factorerie et venez mouiller en amont de ce wharf. Le poste n'est pas visible de ce mouillage, mais il n'y a que deux minutes pour y aller.

En arrivant au mouillage avec le flot, il ne faut pas vous approcher trop près de terre, car le contre-courant du wharf porte l'avant à terre, alors que l'arrière est porté vers le large.

Le courant rentre en Mellacorée avec une vitesse de 3 nœuds en marée. Dans le Nord-Ouest de Sallhahtook, il porte au Nord-Est avec le flot et au Sud-Ouest avec le jusant.

La mer marne d'environ 2 mètres aux environs de Benty.

Si vous êtes obligé de rentrer en Mellacorée avec de la pluie et presque sans vue, venez reconnaître à la sonde le banc de Sallhahtook (je suppose que vous n'apercevez d'autre terre que Salhahtook). Tâchez de vousm ettre dans le Nord 60° Ouest de la pointe Sallhahtook par des fonds de 8 à 9 mètres et d'évaluer la distance. Mettez-vous à 4 milles, si c'est possible ; c'est à cette distance que sont les fonds de 8 mètres.

Venez sur bâbord en mettant le cap au Nord 65° Ouest du monde, et, si vous touchez par des fonds de 3 à 4 mètres, venez sur tribord ; vous reviendrez au Nord 65° Ouest quand vous aurez des fonds de 8 mètres. D'ailleurs, vous verrez vite le brisant que vous laisserez sur bâbord ; dès que vous l'aurez vu, vous serez sauvé. Quand vous l'aurez par le travers, gouvernez au Nord 50° Ouest du monde et vous devez arriver à la pointe qui termine la rive droite de la Mellacorée. Une fois là, vous apercevrez l'autre pointe et les balises ; manœuvrez comme je l'indique plus haut.

Vous pouvez vous fier à la carte n° 3008 ; de toutes les cartes des rivières du Sud, c'est la meilleure que je connaisse, avec celle de la Casamance dressée par le lieutenant de vaisseau Vallon, aujourd'hui amiral et député du Sénégal.

Dans la carte de la Mellacorée, il n'y a de mauvais que le relèvement de la pointe terminant la rive droite de la Mellacorée et de la rivière Tannah.

Les bancs sont très bien indiqués ; j'ai toujours trouvé ceux du milieu du chenal quand je les ai cherchés.

Je recommande comme deux points excellents le relèvement de la pointe Bellangsang et celui de Benty ; ce dernier est facilement reconnaissable à un arbre gigantesque qui couvre le poste.

Il pleut presque tous les jours pendant sept mois de l'année en Mellacorée. Les tornades n'y sont pas très fortes. Il y a quelquefois des orages épouvantables ; ordinairement, le vent n'y est pas très violent.

DE MELLACORÉE A SIERRA-LEONE

CHAPITRE XXII

Pour sortir de Benty, suivez les mêmes routes qu'à l'entrée.

Quand vous serez sur le parallèle de Sallhahtook dans l'Ouest à 7 ou 8 milles, par des fonds de 10 à 11 mètres, vous ferez le sud du monde.. Après avoir fait 13 milles à cette aire de vent, prenez le Sud 30° Est du monde ; cette route vous mènera directement sous le phare placé sur le cap de Sierra-Leone.

La route que je viens d'indiquer fait passer les bancs des îles Yellaboi et Cortumo. Cette traversée est très facile, car vous verrez toujours les montagnes de Sierra-Leone. Ne venez jamais dans l'Est du méridien du feu situé sur le cap de

Sierra-Leone avant d'avoir la ville dans le Sud 70° Est du monde; vous serez alors à 1 mille du phare. C'est dans le Nord de ce phare que le pilote vient à bord. Il arrive ordinairement dans un canot, à la rame, sur lequel il hisse un pavillon de pilote. Vous êtes libre de rentrer sans pilote.

Il ne faut pas oublier la roche Charpentier, à 4 milles environ dans l'Ouest du cap ; le flot et le jusant portent dessus.

Pour rentrer, longez rl ea terà petite distance et venez affourcher par 15 mètres devant la ville.

Si vous ne devez rester que quelques heures, mouillez seulement une ancre; mais, si vous devez passer la nuit, il faut de toute nécessité affourcher, car les courants changent toutes les deux heures sur la rade, et le navire drossé dans toutes les aires de vents, finit par draguer son ancre et s'en va à la dérive. Cela m'est arrivé pour mon compte.

Il y a toujours du clapotis et de la houle sur cette rade. La mer marne de 3^m,70. Dans la saison des pluies, le courant est très fort; je l'ai vu atteindre quelquefois 4 et 5 nœuds.

Vous pouvez mouiller à 150 mètres des escaliers du wharf.

Pendant toute la saison des pluies, de mai à septembre, les vents dominent du Sud au Nord-Ouest, par l'Ouest, et sont très faibles.

Les tornades commencent en avril et cessent pendant la saison des pluies, pour recommence ensuite. Elles soufflent avec violence de l'Est au Sud-Est, mais je les trouve moins fortes que celles des environs de Gorée. Elles s'annoncent, à peu de chose près, comme celles du Sénégal. La rafale est annoncée par un nuage blanc épais au milieu de l'arc. J'ai observé quelquefois ce même phénomène au Sénégal.

Il faut bien se conformer aux règlements du port ; par exemple, ne jamais laisser monter à bord avant que le capitaine de port ait donné la libre pratique.

Il ne faut jamais hisser le pavillon jaune en arrivant, à moins de cas particuliers ; si on le fait, le médecin vient immédiatement à bord, ce qui coûte une guinée.

Aussitôt sur rade, tout capitaine doit se mettre en relations avec le consul français.

Pour tous renseignements, il faut s'adresser à la maison française. On est toujours assuré d'avance d'un bon accueil, Tous ses agents son français et fort aimables.

J'engage les capitaines à faire l'eau douce à Free-Town; il n'est pas possible d'en trouver d'aussi bonne sur la côte d'Afrique.

Le charbon vaut, en moyenne, à Sierra-Leone 45 francs la tonne.

Tous les renseignements que j'ai donnés dans la seconde partie de ce livre concernent plutôt les bateaux à vapeur que les voiliers. Ceux-ci devront prendre d'autres mesures, suivant les circonstances. Malgré cela, ce qui est fait pour les uns peut encore être de quelque utilité pour les autres.

TABLEAU DES HEURES DE MARÉE

TABLEAU

DES

HEURES DE MARÉE

LIEUX	Établis-sements heures	Pleine mer heures	Montée en syzygie mètres
Banc du Sénégal...............	9.15	7.10	1 »
Dakar........................	7.32	8.15	1.85
Saloum (Sangomar).........	8.10	8.10	1.83
Gambie (Bathurst)............	8.10	8 »	2.70
Casamance...................	8.30	7.30	2 »
Cap Roxo...	8.45	7.15	3 »
Iles Cayo....................	9.15	6.45	3.30
Entrée du canal Jéba...........	11 »	5 »	4 »
Bissao	12.30	3.30	4.50
le Mel.......................	10.30	5.30	4.70
Ile Alcatraz.................	9.30	6.30	»
Rio-Nunez...................	10 »	6 »	4.50
Rio-Pongo...................	7.30	8.36	3.30
Factory.....................	6.35	9.50	»
R. Mellacorée...............	7.40	8.20	»
Sierra-Leone.................	8 »	8.14	»
X		Y	Z »

(1) Pour avoir l'heure de la pleine mer. — Heures à retrancher de la pleine mer de Brest.

Dans le tableau ci-dessus, étant donné un lieu X d'établissement, Y pour avoir le nombre d'heures, Z qu'il faut retrancher de l'heure de la pleine mer de Brest, on a remarqué que Y + Z = environ 16 heures, d'où Y ou Z, suivant qu'on a l'un ou l'autre ; 16 heures = 12 heures + 4 heures. 4 heures est environ l'établissement de Brest, qui est exactement 3 h. 46.

Quant à la formule, elle s'explique, car aux syzygies on doit avoir :

Heure de la pleine mer de Brest ou établissement = 3 h. 46 + Z = heure pleine mer du lieu *ou* Y.

Comme la marée retarde environ partout de 50 minutes par jour, Z est fixé ainsi.

TABLE DES MATIÈRES

PREMIÈRE PARTIE

DEUXIÈME PARTIE

CORBEIL. — IMPRIMERIE CRÉTÉ-DE L'ARBRE.

* 9 7 8 2 0 1 2 8 6 4 8 3 2 *